幸せスイッチをオンにする
メンタルの取扱説明書

幸せを感じない…
幸せを感じる！
ぜんぜん感じない
めったに感じない
まれに感じる
ときどき感じる
わりと感じる
しょっちゅう感じる

A Toolkit for Happiness

著 エマ・ヘップバーン
訳 木村千里

Discover

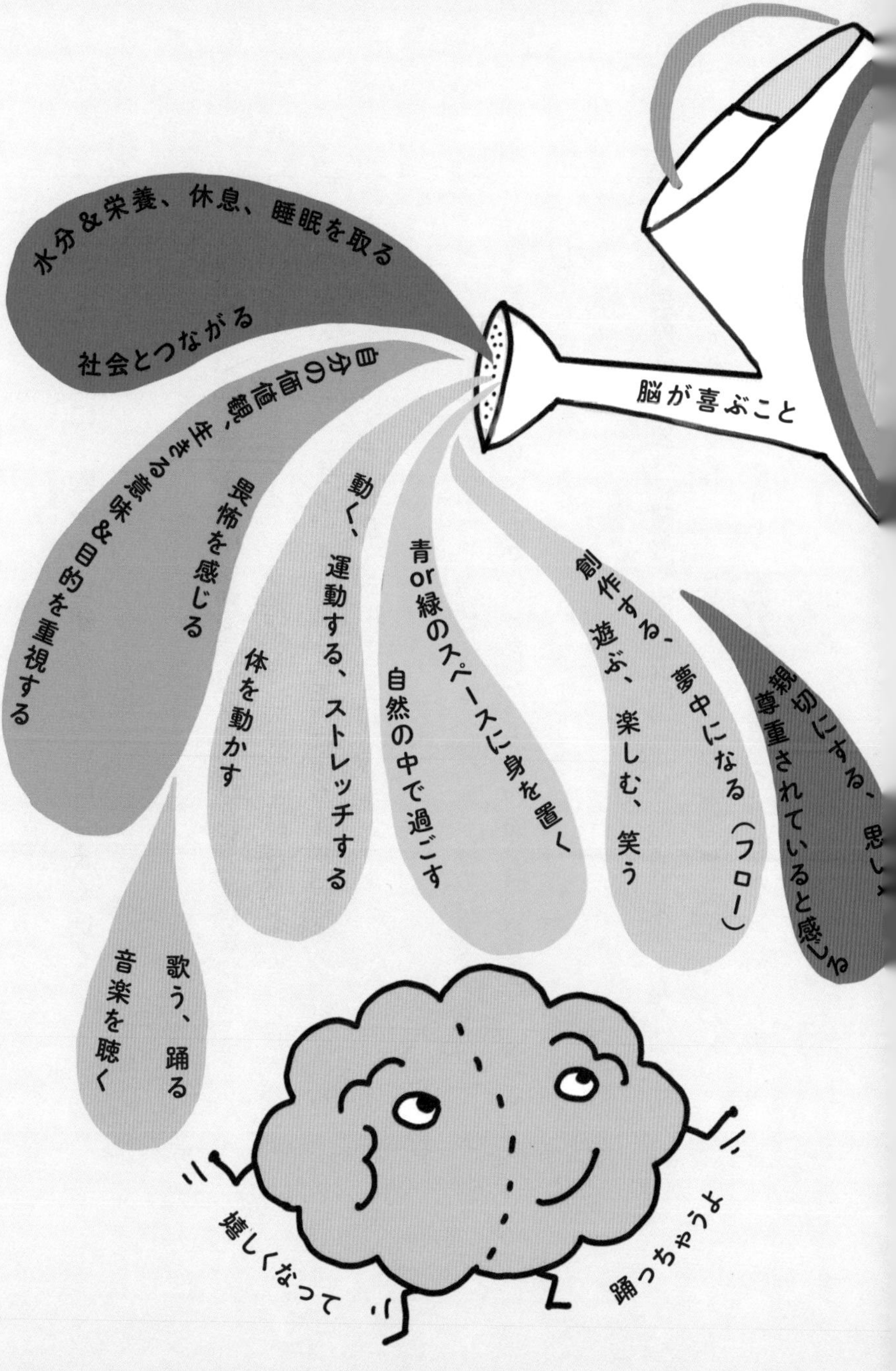

脳が喜ぶこと
水分&栄養、休息、睡眠を取る
社会とつながる
自分の価値観、生きる意味&目的を重視する
畏怖を感じる
動く、運動する、ストレッチする
体を動かす
青or緑のスペースに身を置く
自然の中で過ごす
創作する、遊ぶ、楽しむ、笑う
夢中になる（フロー）
親切にする、思いやる
尊重されていると感じる
歌う、踊る
音楽を聴く
嬉しくなって
踊っちゃうよ

はじめに　幸せの仕組みを知ればうまくいく

「私は、人生の真の目的は幸福を求めることだと信じています」（『ダライ・ラマこころの育て方』）ダライ・ラマ法王のこの言葉を読んだときのことは、今もはっきり覚えています。ちょうど人生の目的を探し回っていた21歳の私は、その言葉に文字どおり立ち止まりました。

グラスゴーのど真ん中で、錆びた街灯の脇に車を停めたまま、車内でこの重みある言葉に思いをめぐらせました。次の訪問診療に遅れかけていることにしばらく気づかなかったほどです。

「人生の真の目的は幸福を求めること」。当たり前と言えば当たり前です。でも衝撃を受けました。幸せは、すべての目的を達成したときについてくるオマケじゃない。**幸せそのものが達成すべき目的なんだ。**錆びた街灯の脇でそう気づいたからこそ、私は臨床心理士を志し、いわば「悲しみを減らし幸せを増やす仕事」へとたどり着いたのでしょうか。わかりません。

それでも20年以上経った今、私はこうして「幸せ」をテーマに本を書いています。今はなき初代愛車であの一文を読んで以来学んだことを、すべて詰め込んで。だから、この本が出版されたあかつきには、記念にグラスゴーを再訪し、あの錆びた街灯に1冊置いてこようと決めています。

世界的なパンデミックのさなかで「幸せ本」を書くのは、迷いの連続だったと認めざるを得ません。正直に言うと、本を書いている間も、幸せを感じられず、悲しみ、悩み、うちひしがれることが間々ありました。こんな精神状態で幸せ本を書いている私は偽善者なんじゃないかという思いが頭をよぎったものです。「心理のプロとして幸せについて語るなら、どんなときも微笑みを絶やさない、手本のような存在でないとだめじゃない？」と。

そう問いかけてみて気づきました。実は私も、というか私の脳も、第1章で紹介する、**「幸せとはこうあるべき」という思い込み、つまり「幸福神話」に踊らされていたのです。**人生が絶好調のときでさえ苦しみをゼロにすることなどできないという事実を忘れて、「いつも幸せな気分じゃないといけない」「幸せについて語る資格はない」と自分に言い聞かせていました。それどころか、「悲しんでいる私は、心理士としても幸せ本の著者としても失格だ」とさえ思い込んでいた気がします。

言うまでもなく、**生きている以上苦しみは避けられません。**それなのに、「幸せな気分だから成功者だ」「幸せな気分じゃないから失格者だ」と考えていたら、どうしたって失格者になってしまいます。私が幸せを感じているかどうかは、私の心理士としての、または幸せ本の著者としての能力を示す指標ではけっしてないのです。

仮に私が年がら年中幸せであるかのようにふるまえば、私はそれこそひどい偽善者になってしまいます。何より、世間にはびこる幸福神話を強化し、私たちの間違った信念や思考、行動を助長することになります。そうならないように、私はもちろん、みんなで力を合わせて、この幸福神話を払拭しましょう。

私は正直になることから始めます。私は常に幸せなわけではありません。幸せでないこと、つまり苦しみや悲しみなど、さまざまな感情を味わうことこそ、私が人間である証です。それならば、幸せについて完全に理解するには、**悲しみをはじめとする、人生につきもののあらゆる複雑な感情についても理解する必要があるのではないでしょうか？** 幸せになるには、幸せを感じられるように生きるだけでなく、**悲しみのような感情とうまく付き合うこと**も、同じくらい大事だと私は思うのです。

先にお伝えしたとおり、私はいつも幸せとは言えないとしても、この問題について間違いなく有利な立場にあります。私は長年にわたり人々の幸せを増やすお手伝いをし、幸せや悲しみに関する論文を読み、脳の仕組みを研究してきました。そのため、脳が幸せを減らすような動きをしたときに気づきやすいのです。自分の感情を理解して対応するための知識や、良い感情を意識的につくりだすための知識も持っていますし、嫌な気分のときに役立つ行動や、その実践方法も理論として知っています（少し後でも触れますが、理論を実践に移すのは必ずしも簡単ではなく、その点は心理士も例外ではありませんが）。

ですから、この本のねらいは、あなたに私と同じ強みを手に入れてもらうことにあります。**人生に幸せを取り入れると同時に、生きるうえで避けられない苦境の乗り越え方**を知ってもらいたいのです。

そもそも「幸せ」ってなんだろう？

「幸せですか？」と聞かれたら、あなたはその日の気分と、人生に対する感想を足し合わせた、おおよその感覚を答えると思いますが、そのとき次第で、実にさまざまな要素がその返答に影響を与えるでしょう。**人生のいろいろな要素が一緒くたになって、総合的な幸福感を生みだしているわけです。**

では、幸せか否かの判断の決め手となる「いろいろな要素」とは、いったい何なのでしょうか？

幸せの要素1　瞬間的なポジティブ感情

まずは最初の質問に立ち返って、**瞬間的な感情**を体験してみましょう。

「今、幸せですか？」と聞かれたら、おそらくあなたは一呼吸置いて、「今、私はどんな気持ちだろう？」と、その瞬間の感情を探ったことでしょう。ちょっと考えて気持ちを見きわめ、「はい」または「いいえ」と答えてから、「いいえ」の場合は別の感情を教えてくれるかもしれません。

たとえば、「いいえ、私は幸せではありません。実は……

a）赤の他人にこんな立ち入ったことを聞かれるなんて、気まずいしちょっと怖いです。

b）戸惑っています。だってまだ本を読み始めたばかりで、9ページ目なんですよ。幸せの秘訣をまだ知らないのに、そんなこと聞かれても……。

c）この1週間苦難続きだったので、悲しいです。

まだまだ例を挙げられますが、やめておきます。なにしろ、研究によれば、感情を表す言葉は何百何千とあるわけで、この質問に対する答えも、少なくともそれと同じ数だけ存在することになるからです。そのような「感情を表す言葉」で幸せについて考えるとき、私たちの念頭にあるのは**「ある一時点での感情」**です。

感情はいっときのもので、あっという間に過ぎ去るため、**私たちは1日の間にもたくさんの感情を抱きます。**だから、私があなたに「幸せですか？」としつこく、たとえば1日に42回尋ねたとすれば、その都度バラエティーに富んだ答えが返ってくることでしょう。こうした瞬間的な感情は重要です。総合的な幸福感が高い人は、ポジティブな感情を多く経験しているし、また逆に、ポジティブな感情を多く経験している人は、総合的な幸福感も高いことが多いです。

とはいえ、**瞬間的な感情が幸せのすべてではありません。**もしそうなら、楽しい気持ちや愉快な気持ち、ポジティブな気持ちを増やし、ネガティブな気持ちを減らせばいいだけの話です。なんて単純、この本はこれにておしまい！　……とはならないのは、この話にはいくつか裏があるからです。

第一に、**心地よい感情のなかには、時間が経つとむしろ不快感につながるものもあります。**たとえば、始終心地よい人生は、ときに無意味でもの足りなく感じられることでしょう。

第二に、**私たちは脳に足を引っ張られがちです。**脳の仕組みによって、どうしてもいい気持ちになれないときもあれば、いい気持ちになろうとしてその方法を見誤るときもあります。つまり、ネガティブな気持ちを減らすために取った手段が、むしろ心地よさを減らす場合もあるのです。

第三に、これが最もやっかいな点ですが、**総合的な幸福感を上げるには、日々のポジティブな感情を増やすだけでは不十分なようなのです。**ポジティブな感情を増やしてやっかいな感情を減らすことは大前提。でも、人間である私たちが幸せになるには、それ以上の「何か」が必要だと思われます。その何かとは、**「意味」**です。

幸せの要素2　意味と目的

幸せであるためには人生に意味がなくてはなりません。これは昔からわかっていることです。

「幸せとは何か」が論じられるようになった当初から、「人生の意味」は議論の大きな焦点でした。ギリシャの哲学者アリストテレスは、幸せは人生の主な目的、もっと言えば、**人間が生きる究極の目的である**と論じました。

古代ギリシャの哲学では、良い人生を2つの概念で説明しています。「ヘドニア（hedonia）」と「エウダイモニア（eudaimonia）」です（なじみのない言葉ですよね？　私もインターネットで調べました）。ヘドニアは、わかりやすく言えば、**快**

楽主義です。**常に目先の感情、快感を追求すること**です。それに対し、エウダイモニアは、充実した人生、言いかえれば**人生の意味と目的を求める生き方**で、一過性ではない、より安定した幸せのかたちと考えられています。

このことは現代の研究でも裏付けられており、人生に意味を感じられると、ポジティブな気持ち、幸福感、充実感が高まるのはもちろん、長寿や健康にもつながることが確認されています。というわけで、**「幸せに生きることが人生の意味と目的」であると同時に、実は、「意味と目的を感じることが幸せな人生」でもあるのです。**

「幸せ」の意味を広げてみよう

幸せの歴史的な定義はわかりましたが、私は幸福学者ではなく心理学者です。「幸せ」という言葉の概念だけでは、私たちの感じる幅広い幸福感をとらえることはとうていできません。「あなたは幸せですか？」と質問したときの、「幸せ」とはどういう意味なのでしょうか？　総合的な幸せを感じるとはどういうことなのでしょうか？

実は、総合的な幸せの実態をとらえるには、**「ウェルビーイング」**という概念の方が適しているかもしれません。

ウェルビーイングとは、「いきいきしている」とか「充実している」状態で、人生が順調な感覚を意味します。**「全体としてうまくいっている」「全体としていい気持ちである」という、より広い意味での幸せを表しています。**ですから、総合的な幸福感について聞きたいなら、「あなたは幸せですか？」と聞くより、**「人生はうまくいっていますか？」**と聞いた方がよいかもしれません。

ただ、ウェルビーイングが表す状態とその定義は一つではありません。What Works Centre for Wellbeing（ウェルビーイングに関するエビデンスを英国国家統計局に提供する機構）によれば、個人のウェルビーイングとは、私たちがここまで考えてきた幸せの要素をすべて合わせた概念で、人生の満足度、仕事や活動のやりがい、日々の感情など、広い意味で精神的に「良い状態」をひっくるめたものです。

ウェルビーイングは、私たちの気持ち、さらには心の健康と切り離せません。ですから、ウェルビーイングの状態には、非常に悪い状態（精神疾患の可能性もあります）から非常に良い状態（よく「いきいきしている」または「充実している」と定義されます）まであり、**そのさまざまな状態が切れ目なく続いていると考えられます。**

16ページに、心の状態の変化を表した**「ウェルビーイング曲線」**のイラストがあるので、そちらを参考にしてみてください。

この本では、「幸せ」という言葉を、「うまくいっている」「充実している」という総合的な感覚を指すものとして使います。つまり、**「あなたは幸せですか？」と聞かれたときに返す、瞬間的な幸福感と人生全体の幸福感を足した答えのことです。**そしてこの概念を表す言葉として、「幸せ」と「ウェルビーイング」という言葉を区別せずに使うことがあります。

ウェルビーイング曲線

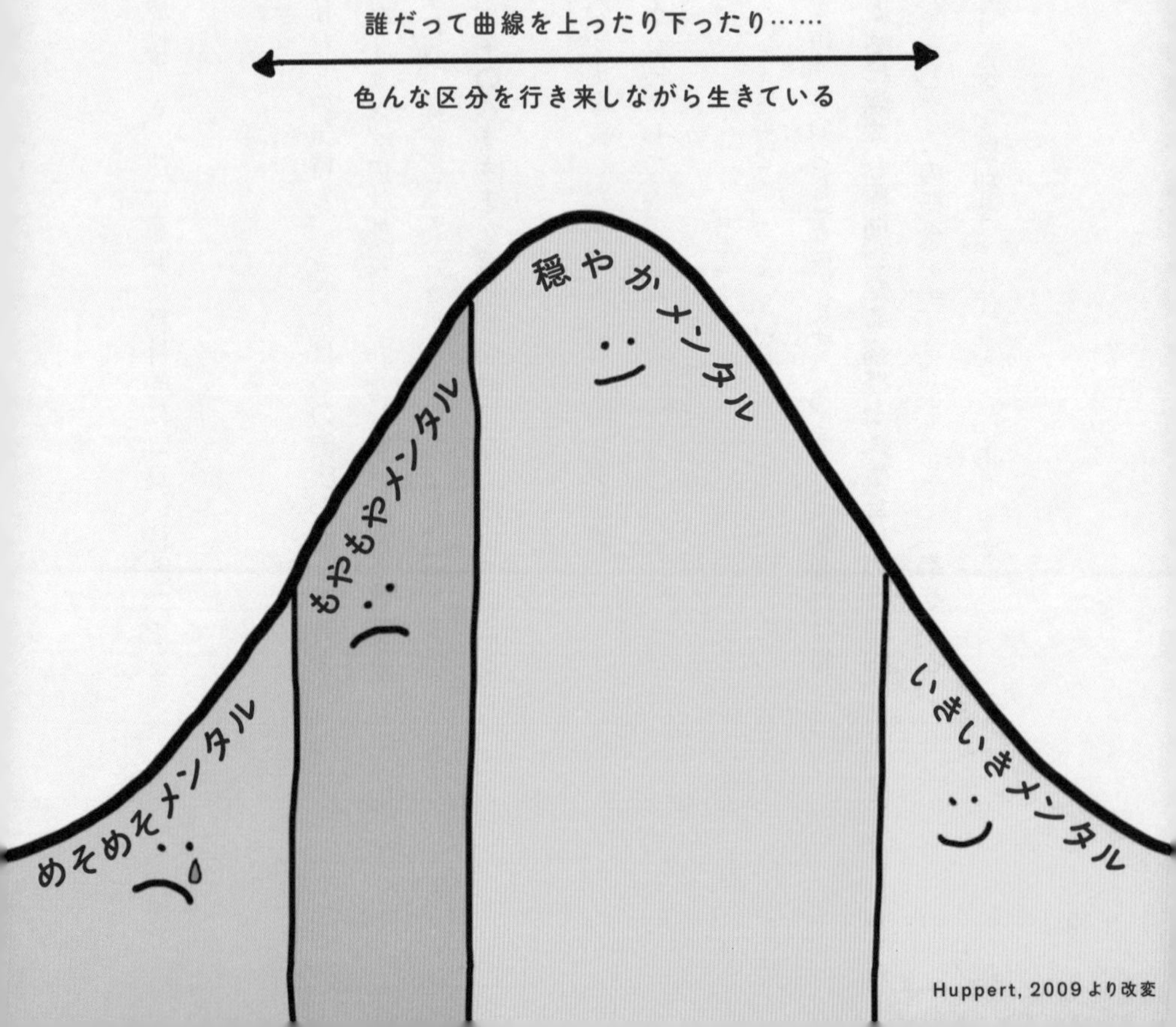

誰だって曲線を上ったり下ったり……
色んな区分を行き来しながら生きている
めそめそメンタル
もやもやメンタル
穏やかメンタル
いきいきメンタル

Huppert, 2009より改変

幸せの仕組みを「サンドイッチ」でイメージしてみよう

世の中には幸せの仕組みをわかりやすく説明した比喩がたくさんあります。でも私は、幸せにつながる要素と、その要素を生活に取り入れる方法の、両方を表現できる比喩をつくりたいと思いました。

最初は、幸せを家に見立ててみました。しかしその比喩にはどこかしっくりこない部分がありました。家と違って、幸せをつくる作業は日常生活の一部でなくてはいけません。幸せはコツコツとつくりあげるもので、他の要因の影響により、ときにはうまくいかないものです。それを表現する比喩は、日常生活でつくる何かである必要があります。そしてある日、我が子2人にお昼ごはんをつくっていたときに思いついたのです。そうだ、サンドイッチだ！

この**「幸せのサンドイッチ」**は、心理学のテキストには出てきません。でも、私が求めるすべての要素を備えています。まず、サンドイッチは普段からつくれるものです。そして、土台のパンは、私たちの食事や睡眠といった**生活の基礎**に当たり、日によって変わることもあれば、ぐらつくこともあります。具は、**私たちの幸せにつながる要素**を表していて、好みや状況に合わせて追加できます。

サンドイッチをつくるには道具（調理器具ですね）も必要です。道具は、**幸せをつくるための具体的なコツ**に当たります。さらに、サンドイッチのおいしさ、つまり得られる幸福感は、**あなたの注意の向け方**に左右されます。あなたがどんな価値観に注目するかで入れる具も変わってきますし、具のおいしさを味わうには、味にきちんと注目する必要があるからです。そしてそもそも、サンドイッチのつくり方を知っていても、実際につくらなければ、幸せを味わうことはできません。

それではさっそく、お好みのパンに、チーズやハムを挟んで、と……さあどうぞ、「幸せのサンドイッチ」の絵が描けましたよ。20ページの絵を、あなたの幸せづくりに役立ててもらえたら幸いです。

サンドイッチの具体的な内容については第1章で詳しく解説しますが、今のところテンプレートは空欄になっていますので、自分に合う（または合わない）具や、幸せを積み上げるのに便利な道具がわかったら、順次埋めていってください。

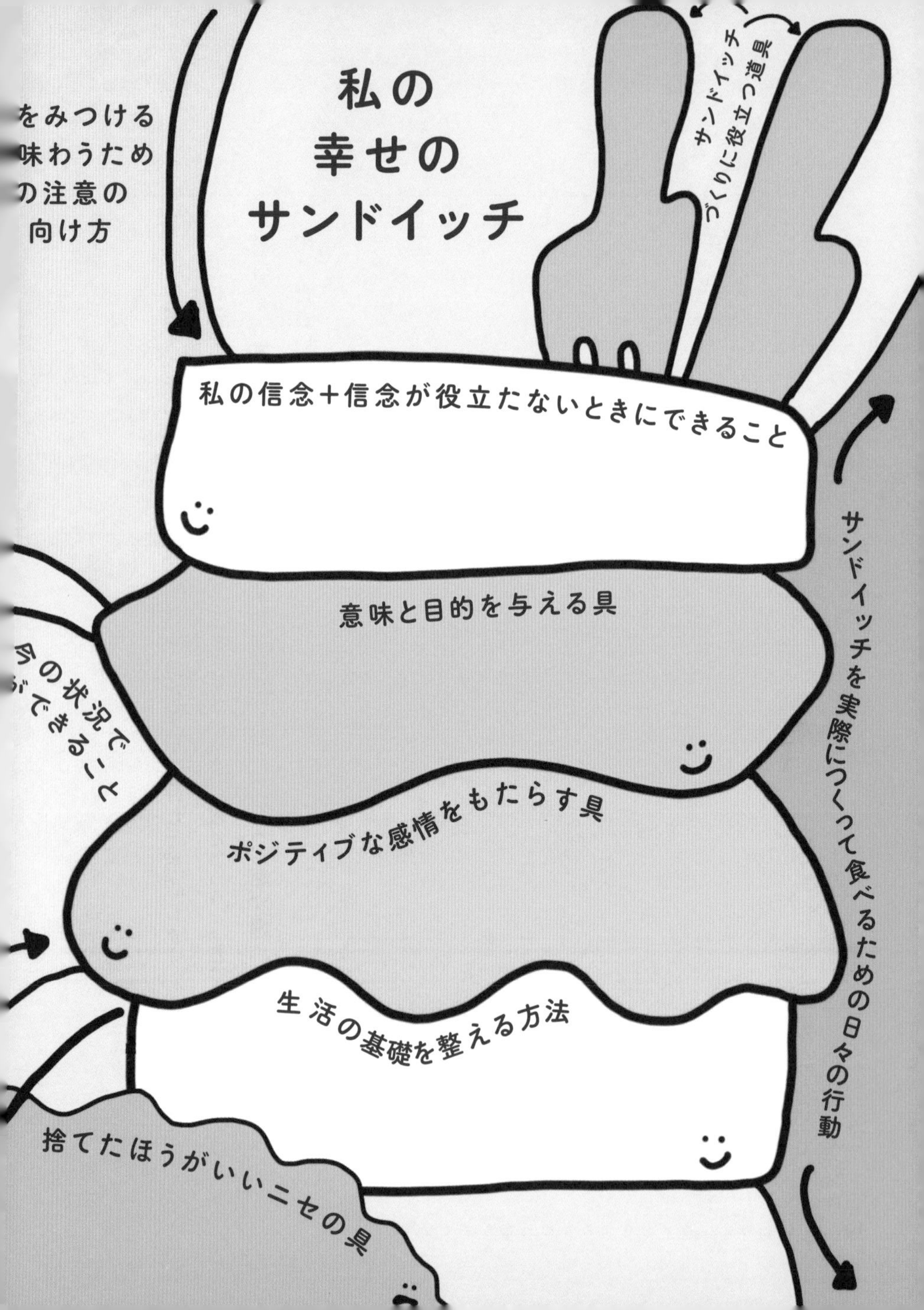

私の
幸せの
サンドイッチ
をみつける
味わうため
の注意の
向け方
サンドイッチづくりに役立つ道具
私の信念＋信念が役立たないときにできること
意味と目的を与える具
今の状況で
ができること
ポジティブな感情をもたらす具
生活の基礎を整える方法
捨てたほうがいいニセの具
サンドイッチを実際につくって食べるための日々の行動

購入特典

エクササイズ用
書き込みシート

エクササイズで使用するイラストや、
質問への回答欄は下記の二次元コードから
ダウンロードできます。

プリントアウトして書き込み、
いつでも見返せるようにしておくと便利です。

何度もダウンロードできますので、
心をケアしたいときにご活用ください。

*

DLサイト
https://d21.co.jp/special/happyswitch/

ユーザー名　discover2996
パスワード　happyswitch

CONTENTS

目次

CONTENTS

目次

CONTENTS

CONTENTS

第1章 幸せを理解する

幸せとは……

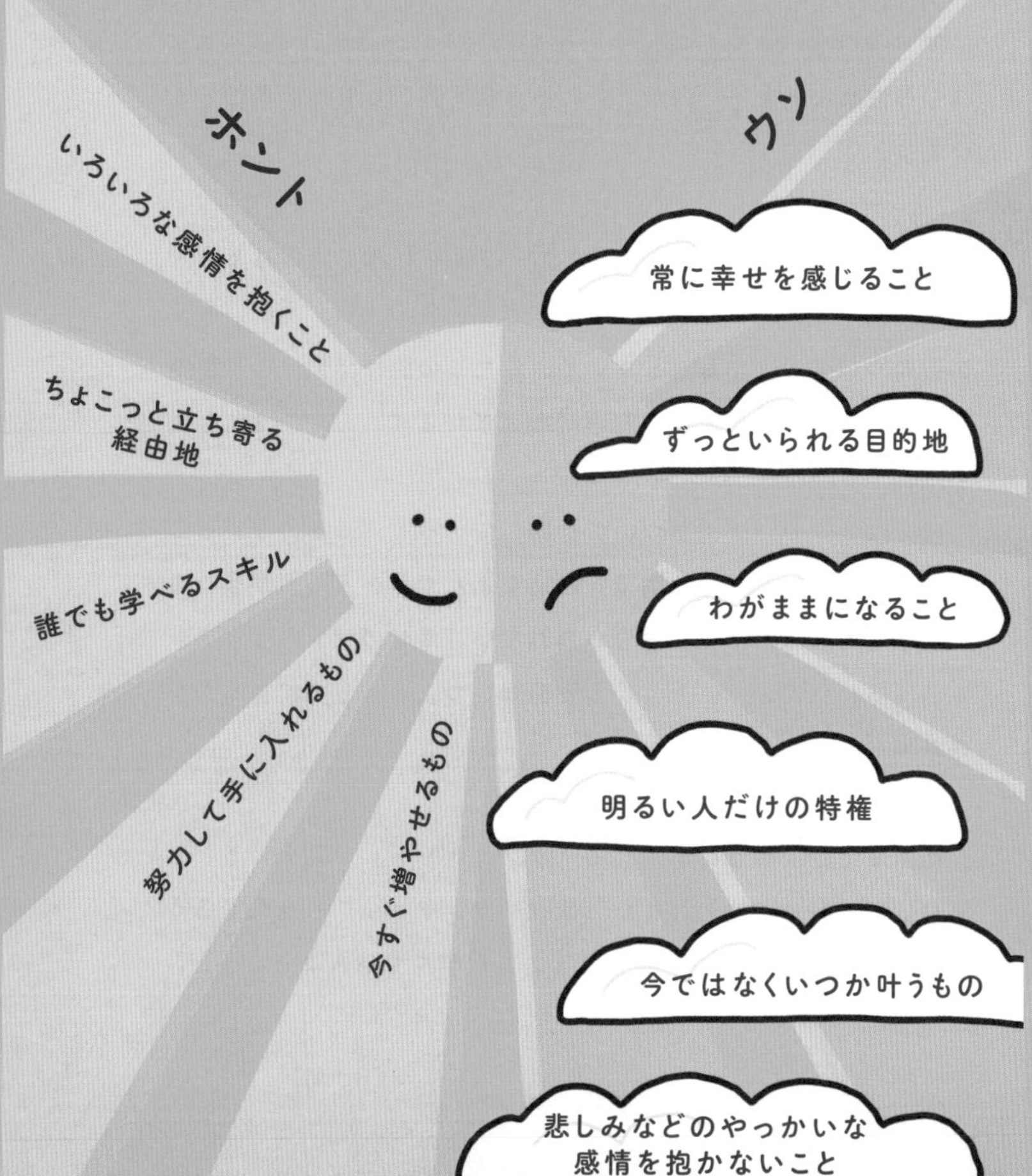

ホント
いろいろな感情を抱くこと
ちょこっと立ち寄る経由地
誰でも学べるスキル
努力して手に入れるもの
今すぐ増やせるもの
ウソ
常に幸せを感じること
ずっといられる目的地
わがままになること
明るい人だけの特権
今ではなくいつか叶うもの
悲しみなどのやっかいな感情を抱かないこと

私が10代の頃は、「幸せとは……」というキャッチフレーズの入ったポスターをよく見かけました。このフレーズの後ろには夕日や美しい写真、「幸せとは何か」を表したユーモアの効いた言葉など、さまざまなものが続きます。

一見ささいなことですが、こうしたメッセージが私たちの幸せに関する信念、さらには「幸せをもたらすものは何か？」「幸せになるために何をすべきか？」という考え方にも影響を及ぼしています。

なにもこれは1990年代のポスターに限った話ではありません。幸せに関するメッセージは、メディアや広告、家族、仲間、社会の行動や信念の間に蔓延していて、私たちの脳に伝染し、私たちの幸せについての考え方に影響を与えています。

誤ったメッセージに基づいて行動していると、幸せになれることをしているつもりで、間違った道を進んでしまうことが多いものです。ちょっとやそっとじゃ崩れない「幸せのサンドイッチ」をつくるには、まず、そういう事態がいつ、どうして起きるのかを理解しなくてはいけません。

第１章では、幸せにまつわる「ウソとホント」を見分けるとともに、おいしくて崩れにくい「幸せのサンドイッチ」をつくるうえで、脳が助けにも妨げにもなることを学んでいきましょう。

TOOL 1 陥りがちな6つの「幸福神話」に気づく

「はじめに」では、「幸せとは何か」を考えましたが、ここからは**「幸せではないものとは何か」**について考えてみましょう。

私たちが幸せに対して抱いている信念は、私たちの思考や選択、行動、そして幸せそのものを左右します。自分をいい気持ちにさせてくれるものを見誤ると、「幸せのサンドイッチ」に一見魅力的な具材を追加しても、不満が残ったり、後味が悪くなったりと、逆効果になるだけです。でも「幸せではないものとは何か」を知れば、誤った具材を足しているときや、非現実的な期待を抱いているときに気づきやすくなるし、十分な知識に基づいて材料を取捨選択できるようになります。

私たちが広告やメディア、そして、直接的・間接的に聞いたストーリーを通して社会から受け取るメッセージには、**「幸せとはこういうものだ」という「幸福神話」**があふれています。「幸福神話」に気づいて、それが幸せのサンドイッチの材料、つまり、幸せにつながる要素にどう影響するのかを考えられるようになりましょう。

幸福神話1　幸せは続くよ、どこまでも

昔、娘におとぎ話を読んでいた頃、ある文を読みかえては娘によく嫌がられたものです。「それから2人はずっと幸せに暮らしましたとさ」を「それから2人はずっと幸せに暮らしましたとさ、とはいかず、2年経つとちょくちょくけんかするようになりましたが、けんかの合間には楽しい時間もたくさん過ごしましたとさ」と読みかえていたのです。

はっきり自覚していたわけではないかもしれませんが、私は幸福神話を払拭したかったのだと思います。「パートナーが欲しい」「結婚相手が欲しい」「子どもが欲しい」、その他、どんな望みを持っていようと、**「望みが叶えばバラ色の人生が**

待っている」と考えるのは誤りです。

この「ある地点に達しさえすれば、永遠に幸せでいられる」という考え方は**「到着の誤謬《ごびゅう》」**と呼ばれ、次のような思い込みはすべて到着の誤謬に当たります。「結婚すれば／あの職業につけば／理想の体型になれば／夢物語が現実になれば、幸せになれる」。この種の願いが叶えば、多少は幸福感が増すかもしれません（特に、夢物語が現実になったときは）。ただ、期待するほどには何も変わりません。それに、この考え方だと、将来まで幸せをおあずけにしているのと同じなので、「今ここ」で幸せを感じるための行動がおろそかになりがちです。しかも、夢や目標のために日夜努力しても、目指した場所に着いたとたんに幸せを感じられなくなってしまう場合もあります。要するに、**「バラ色の人生」という非現実的なゴールを期待し、そのためだけにすべての時間とエネルギーを注いでしまうと、今も将来も幸せになれない可能性が高いのです。**

幸福神話2　目指すは「幸せの国」

夢がすべて実現する場所、「幸せの国」。その国は必ずどこかにあるのだから、私たちはそれをみつけさえすればいい。そして「幸せの国」をみつけること、つまり人生の荒波やストレスと無縁の幸せな場所をみつけることが、私たちの存在する意味なんだ——と思っていませんか？

私としても、幸せの国のチケットを販売したいのはやまやまですが、販売したところでそう経たないうちに、受け入れがたい悲しさやストレス、重圧が敷地内に入りこみ、「幸せが終わってしまった」という苦情が殺到するでしょう。残念ですが、幸せの国は早々に店じまいとなります。

「幸せの国」という概念のどこがそんなに問題なのでしょうか？

何と言っても、あまりにも非現実的です。ハーバード大学の心理学の教授ダニエル・ギルバートは**「幸せは目的地ではなく、人生の途中で立ち寄る経由地にすぎない」**と説いています。幸せをそういうものだと信じていれば、つまり、幸せは長続きしないとわかっていれば、幸せにたどり着いたときに、そのことにいっそう気づきやすく、そして感謝しやすくなります。

一過性だからこそ私たちはその幸せに気づくし、不幸せな状態があるからこそ幸せのすばらしさがきわだつのです。ネガティブな感情を楽しめとは言いませんが、**生きている以上ネガティブな感情を味わうこともある**と理解すれば、そのせいでがっかりすることはありません。

日々の小さな楽しみを得ながら**「幸せの国にずっといられるわけじゃないけど、この先も幸せがちょこちょこ待っているから大丈夫」**と思えるようになります。

幸福神話3 「どうせあの人は生まれつき幸せ体質だから…」

世の中には「いつでもポジティブに見える人」がいるものです。では、そうでない人が幸せになる術はあるのでしょうか？

幸せの感じやすさは生まれつき決まっていると考えていると、「どうせ自分はそ

やっと
幸せの国に
着いたね!
幸せは目的地ではなく……
人生という道のりにおける経由地にすぎない

ういうタイプじゃないんだ」と、幸せになろうとすること自体が無意味に思えてくるかもしれません。たしかに、物事をポジティブに受け止めるかどうかで、周囲との接し方や関わり方は変わってきますが、人の性格というのは固定的なものではなく、年齢や状況によって変わりうるものです。

ギリシャの哲学者、アリストテレスの説によれば、幸せになる能力は、遺伝的な特性というより、後天的に身につけられるスキルであり、現代の研究を見ても、そう考えたほうが妥当です。

物事のとらえ方や周囲との関わり方の基礎は、幼少期に築かれます。とはいえ、脳は学習するようにできているので、大人になってからでも変えることができます。

自分の思考や行動パターンを学習し、新しいパターンを生み出す脳の仕組みは、あらゆる心理療法の基礎であり、気分を改善する効果があることが証明されています。「ポジティブ心理学のテクニックを使えば、ウェルビーイング曲線（16ページ参照）のさらに上部へ行ける」という研究結果があることからも、やはり、**幸せになるスキルは後天的に身につけられる**と考えられます。

幸福神話4　幸せとは悲しみや苦痛をいっさい感じないことだ

やっかいなことに、感情はネガティブかポジティブかに分類されがちです。この分類が、**「必要なのはポジティブな感情だけだ」**という考え方の一因となっています。

たしかに、幸せとは「良い気分の回数が多く、嫌な気分の回数が少ないこと」とも言えますが、**「まったく嫌な気分にならないこと」ではありません。**そもそも、「ネガティブ」「ポジティブ」という分類は正しいのでしょうか？　「怒りや悲しみはどう考えてもネガティブな感情でしょう」、ですって？　本当にそうでしょうか？

怒りは「不満を表明すべきことや立ち向かうべき問題を教えてくれる」という意味では、昔から私のいちばんの味方です。

悲しみはどうでしょう？　生きていれば悲しいこともあるでしょうが、悲しみに気づき、悲しみをありのままに認めることは大事です。

では、嬉しさは本当にポジティブな感情だけをもたらすのでしょうか？　私の一時期を振り返ってみると、欲しかったものを買うと短期的には嬉しいものの、結局はクレジットカードの返済額が増えてちっとも嬉しくありませんでした。反対に、そのときは苦しくても（私の場合は運動がそうです）、長期的には気分を改善してくれる活動もあります。

つまり、**ネガティブな感情が常に悪いわけでもなければ、ポジティブな感情が常に幸せをもたらすわけでもありません。**

嫌な気分を敵視していると、嫌な気分になったときに、何か悪いことをしたように感じたり、自分を責めたりして、余計に嫌な気分になってしまうでしょう。それに、ネガティブな感情を押さえつけると、脳と体に負担がかかり、ストレスが生じ、ますます幸せから遠ざかります。

気分を改善するには、嫌な気分を取り除くのではなく、**自分の感情を理解して適切な対処をすること**が大事です。

幸福神話5　幸せになろうと思えば幸せになれる

毎朝「幸せになるぞ！」と言って起き、一日中雲の上でのんきにひなたぼっこをするような気分でいられたら、どんなにステキでしょう。でも「幸せになる」という選択をするかどうかに関係なく、雲からは雨が降ってきて、私たちは大きな泥だまりへと突き落とされ、ずぶぬれになって悲しみとやるせなさを味わうことになります。

言うまでもなく、**幸せとは、「なろうと思えばなれる」ほど簡単な話ではないからです。**そんな簡単な話なら、プロの力を借りなくても誰でも幸せになれますから、私はとっくに失業しています。

それに、裏を返せばどうなるでしょう。もし「幸せになろうと思えばなれる」のであれば、不幸なのは「不幸になることを選んだ」結果なのでしょうか？

これは不幸の責任を本人に丸投げしているのと同じです。落ち込んでいる人にとって何の助けにもならないし、生まれや育ち、文化、環境、制度や社会の構造、さらに、個人の物事のとらえ方や脳の仕組み、行動パターンといった、私たちの気分に影響を与える、複雑な要素を見落としています。

私は長年、「自分を苦しませている複雑な要素をどうしたら変えられるのか」と悩む人や、誰でも落ち込まずにはいられないような苦境にいる人たちを、たくさん相手にしてきました。その人たちはその状況をみずから選んだのでしょうか？そんなはずがありません。

私たちはみんな――幸せの理論に詳しい心理学者でさえも――一般的なバイアスや物事のとらえ方に騙されやすい脳を持っていて、それが私たちの気分に影響を与えています。

しかし自分の脳が、思考が、そして行動が、私たちの足をどのように引っ張っているかに気づけば、その状況を回避する方法や、ウェルビーイングを向上させる方法もみつけられます。

ということで、幸せは選べるものではありませんが、幸せに影響を与える要素を理解し、日々の生活で気分を良くする行動を取ることはできるのです。

幸福神話6　幸せになるのはわがままなこと

私たちはともすれば「幸せを求めるのは、自分の『好き』や『心地よさ』を優先するのと同じ」「幸せを求めるのは自己中心的だ」と考えがちで、幸せの要素を生活から排除してしまいます。でも、あなたがより幸せになれば、身近な人はもちろん、もっと広い範囲の人間関係にも、良い影響があるのです。

研究では、ウェルビーイングが向上すると周囲への気配りが増し、他者に対する忍耐力や理解力さえも上がることがわかっています。**幸せと思いやり（他者への思いやりだけでなく、自分への思いやりも含みます）は本質的につながっています。**だから、結論を言えば、幸せになるのはわがままなんかではないんです。

EXERCISE

1 幸せについての自分の信念を知る

幸せに関する私の信念と現実

信念		現実
幸せとは悲しみがゼロであること	→	幸せを感じるにはいわゆるネガティブな感情をはじめとする他の感情が必要
幸せの感じやすさは生まれつき決まっている	→	幸せを感じるスキルは後から身につけられる
幸せはいつかたどり着く長期的な状態	→	幸せはいつだって一時的な状態
何かを成しとげたら幸せになれる	→	今ここから幸せになれる
幸せは向こうからやってくる	→	幸せは努力して手に入れる

上の図を見て、あなたはどんな信念を持っているか、そして、その信念は現実的か、考えてみましょう。

無意識に「幸せとはこういうものだ」と思い込んでいませんでしたか？

TOOL 2 脳の性質を理解する

幸せは脳から生まれます。あなたが感情を抱き、解釈し、人生を評価するのを助けるのが脳だからです。でも、脳内のどこが幸せをつくりだすのかを突きとめようとすると、しばらく時間がかかるでしょう。なにしろ「幸福皮質」などという脳の部位は存在しません。

さらにややこしいことに、**感情とは、体内の感覚を解釈したものです。**それなら幸せは体からも生まれるということでしょうか？　もちろん、幸せには私たちが暮らす環境も重要です。

このように考えると、幸せとは、私たちが置かれた状況そのものでもあり、私たちの体の感覚や注意は、その状況を脳に伝えるパイプとしての役割を果たしています。同時に、私たちの信念は、その状況の感じ方や受け止め方に影響を与えるフィルターだと考えることができます。

脳はとてもよくできた器官ですが、特に幸せの実現においては、まったく役に立たない可能性があります。いえ、役に立たないどころか、**幸せを実現したいなら、脳と激しく言い争うことになるはずです。**というのも、「人生の目的は幸せになることだ」とほとんどの人が言うでしょうが、あなたの脳はおそらくそれに反対し、**「人生の目的は危険を避け、大量の情報をすばやく処理することだ」**と言って、とにかくそれを確実にこなそうとするからです。

脳との46ページのような言い争いを想像してください。

あなたは同意しないかもしれませんが、脳に言わせると、脳は自分の仕事をしているだけです。脳というのは結局、脅威をみつけ、未来を予測し、私たちを生き残らせるためにあるのです。そのおかげで、とても助かることもあります。たとえば、身の安全を確保し生き延びるために、脳は人とのつながりを求めます。これはありがたいことです。

脳との言い争い

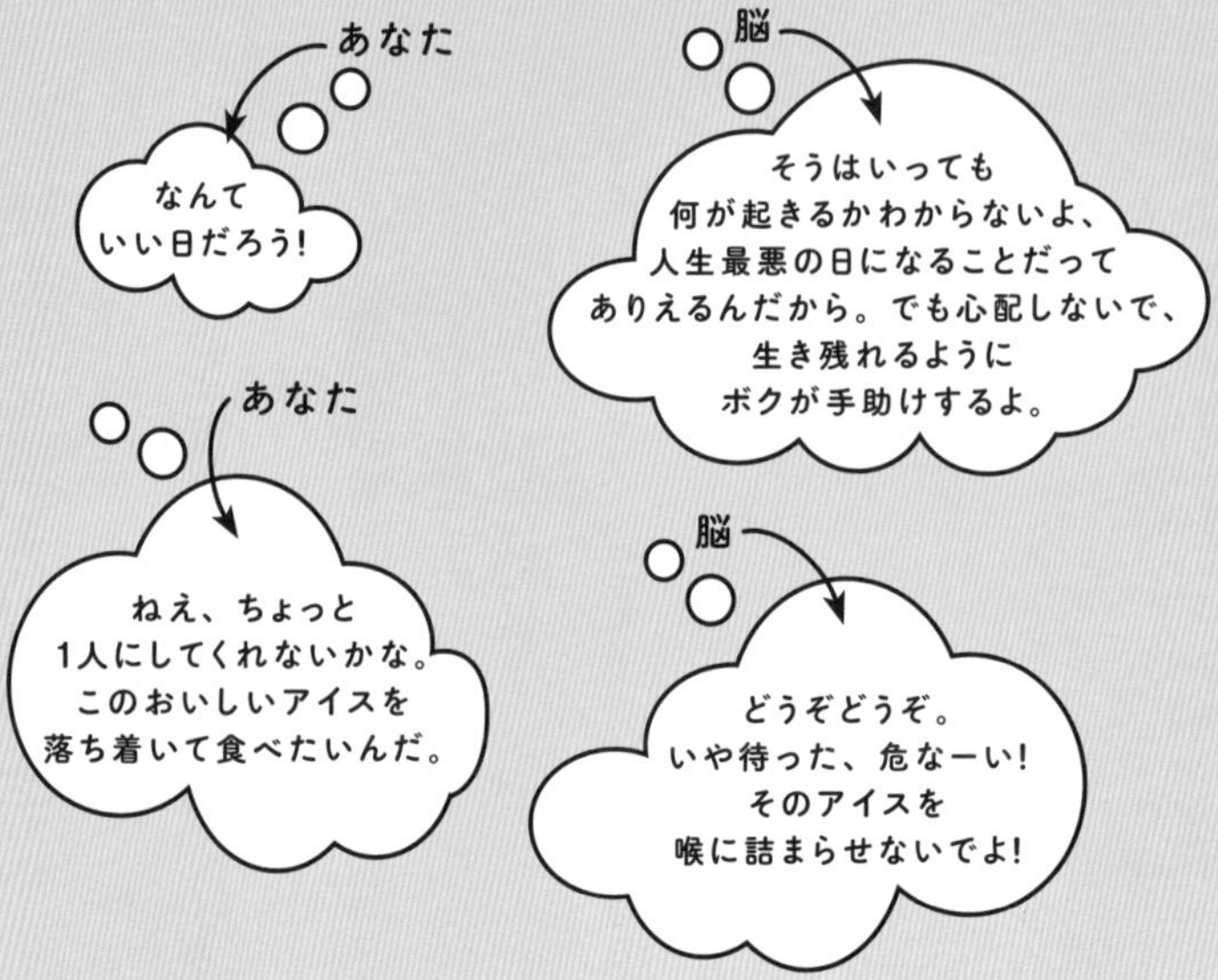
あなた
なんて
いい日だろう!
脳
そうはいっても
何が起きるかわからないよ、
人生最悪の日になることだって
ありえるんだから。でも心配しないで、
生き残れるように
ボクが手助けするよ。
あなた
ねえ、ちょっと
1人にしてくれないかな。
このおいしいアイスを
落ち着いて食べたいんだ。
脳
どうぞどうぞ。
いや待った、危なーい!
そのアイスを
喉に詰まらせないでよ!

でも、いつもありがたいことばかりではありません。たとえば、誰かが一言ひっかかるコメントをすると、脳はその一言にすっかり気をとられて、その日の良かったことを全部忘れてしまいます。これはあまり良い働きだとはいえませんね。

こういう場合、私たちに何ができるでしょう？

とりあえず、**脳はやるべきことをやっているだけだと認めてあげましょう。**脳は情報を素早く処理して、生き残るために、バイアスをかけたり判断の近道（ショートカット）をしたりします。こうした脳の性質は、私たちの幸せには逆効果かもしれませんが、それを見抜いて逆らう方法を身につけることは可能です。具体例を見てみましょう。

脳の性質1　悪は善より強し

「悪は善より強し」は有名な心理学の論文のタイトルで（参考文献324〜327ページ参照）、何事においても、**脳は良い情報よりも悪い情報に敏感である**という意味です。

脳はポジティブな情報よりもネガティブな情報に注意を向けやすい**「ネガティブバイアス」**という傾向を持ち合わせているので、「脅威に常に目を光らせていて、環境内の脅威をみつけやすい」という特徴があります。そこに嫌な経験が加わると、脳はその知識を使って未来のリスクを予測し始めます。

たとえば、あなたが鍋のお湯をこぼしてやけどすると、脳は「鍋は危ない」と予測するようになり、次に満杯の鍋を見たときに警戒モードを強めます。しかし鍋を見るたびに何も悪いことが起きなければ、だんだんとリスクの予測を下げます。ただ、そうなるまでには時間がかかります。**悪い出来事は、良い出来事よりも長い間生理的に影響するためです。**

私たちは悪いことを覚えておかずにはいられない生き物なのでしょう。なにしろ、私たちは悪いことほど気づきやすいし、脳は悪いことほど激しく反応するので、**悪いことほど記憶に強く刻まれます。**まるで、幸せになろうとすると脳が邪魔をするように見えませんか？　いったいなぜ？

それは、**「生き残ってやる」**ため——悪いことをみつけて、次に同じことが起きたときに生き残るためなのです。

脳の性質2　良いことに慣れる

私たちが良いことに気づいても、脳は良いことに慣れてしまいます。だから最初は天にのぼるような思いでも、少し経てばその思いは薄れます。脳が良いことに慣れてしまうこの傾向を**「快楽順応」**といいます。

快楽順応は、基本的には有益な仕組みと考えられていて、私たちを人生のあらゆる状況に適応させるための「心理的な免疫システム」と説明されることがあります。極端な心理状態が長く続くのは私たちにとって好ましくないため、**人間は良いことにも悪いことにも順応するのです。**

順応には2つのパターンがあります。1つ目は、時間が経ち、日々の生活に追われるうちに、**最初の感情が薄れていくパターン。**2つ目は、以前は幸せを感じた状況や物事が**当たり前に思えてくるパターン**です。

2つ目は悪いことにも当てはまりますが、困ったことに、私たちは悪いことに慣れるよりも、良いことに慣れるほうがずっと早いのです。先ほども説明したように、脳には、ポジティブな情報よりもネガティブな情報に注意を向けやすいという「ネガティブバイアス」があります。そのため、脳は良いことと悪いことでは、悪いことの方が人生においてより大きな影響を与えると判断して、ネガティブな感情をより強く覚えておこうとします。実際、ある調査によると、人々は嫌なことがあった翌日は「幸福感が減った」と報告しますが、良いことがあった翌日に「幸福感が増した」とは報告しません。嫌なことと良いことでは感情の残り方が異なるのです。

脳の性質3　未来の感情を予測する

人間の脳は、未来を想像するというすばらしい能力を持っています。心理学者のダニエル・ギルバートの言葉を借りるなら、「私たちの脳は次推（次に起こることを推察すること）するようにできていて、脳はその機能を果たしているにすぎない」のです。

でも、20世紀半ばのSF小説を読んだことがある人なら知っているでしょうが、私たちは**未来を予測するのが得意とは言えません。**

私たちは未来を想像するとき、未来の出来事だけでなく、未来の気持ちも予想します。これは**「感情予測」**と呼ばれます。感情予測は、私たちの未来に向けた計画を可能にし、私たちに「状況をコントロールできている」という感覚を与え——重要なことに——私たちの目の前の意思決定に影響を及ぼします。

とはいえ、ここで残念なお知らせがあります。私たちは感情予測があまり上手ではありません。未来のゆくえも、未来の何が自分を幸せにするかも、**予測し間違えるのです。**

この予測違いには、**脳のバイアス**がいくつか関係しています。私たちは、ある出来事が私たちの人生に与える影響や、その影響が持続する時間を、実際よりも大げさに予測します。悪い出来事を想像するときであれば、実際以上に悪いことが起きて実際以上に嫌な気分になると考えるわけです。

理由はいろいろあります。まず、未来を想像するとき、私たちはありとあらゆる可能性ではなく、1つのシナリオだけを思い浮かべます。また、1つの悪いことのみに焦点を当て、未来で同時進行しているであろうその他のことをすべて忘れてしまいます。

良いことにも同じ理屈が当てはまります。たとえば、宝くじの当選を想像するときは、未来に買うステキな家や、当選を知ったときの喜びを思い浮かべますが、お金を無心する友達や親せきに対応しなくてはいけないとか、疎外感を味わうことになるとは想像しないのです。

これには感情が一枚かんでいます。脳は現在を基準とするため、現在の感情をそのまま未来に投影し、**「投影バイアス」**をつくりだします。

つまり、もしあなたが今最高の気分なら、あなたは未来をも楽観的にとらえることができます。この場合のバイアスは有益なものと言えます。でも、今嫌な気分だと、悪い事態を予測することになってしまうので、この場合のバイアスはあまり良いものとは言えません。

ですから、脳とうまく付き合うには、**脳の予測に気づき、それがどの程度役立つかを見きわめることが大事です。**

脳は生き残るために大忙し

あなたの脳

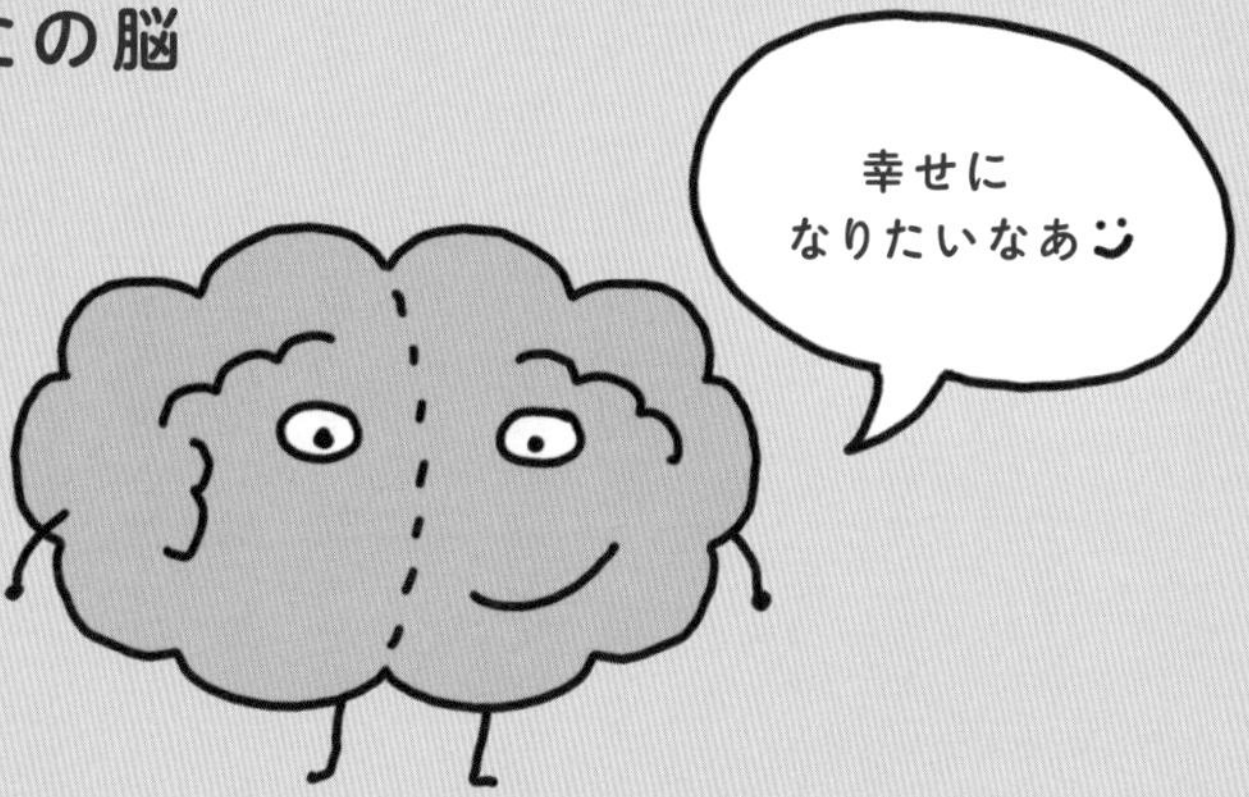

その一方で……

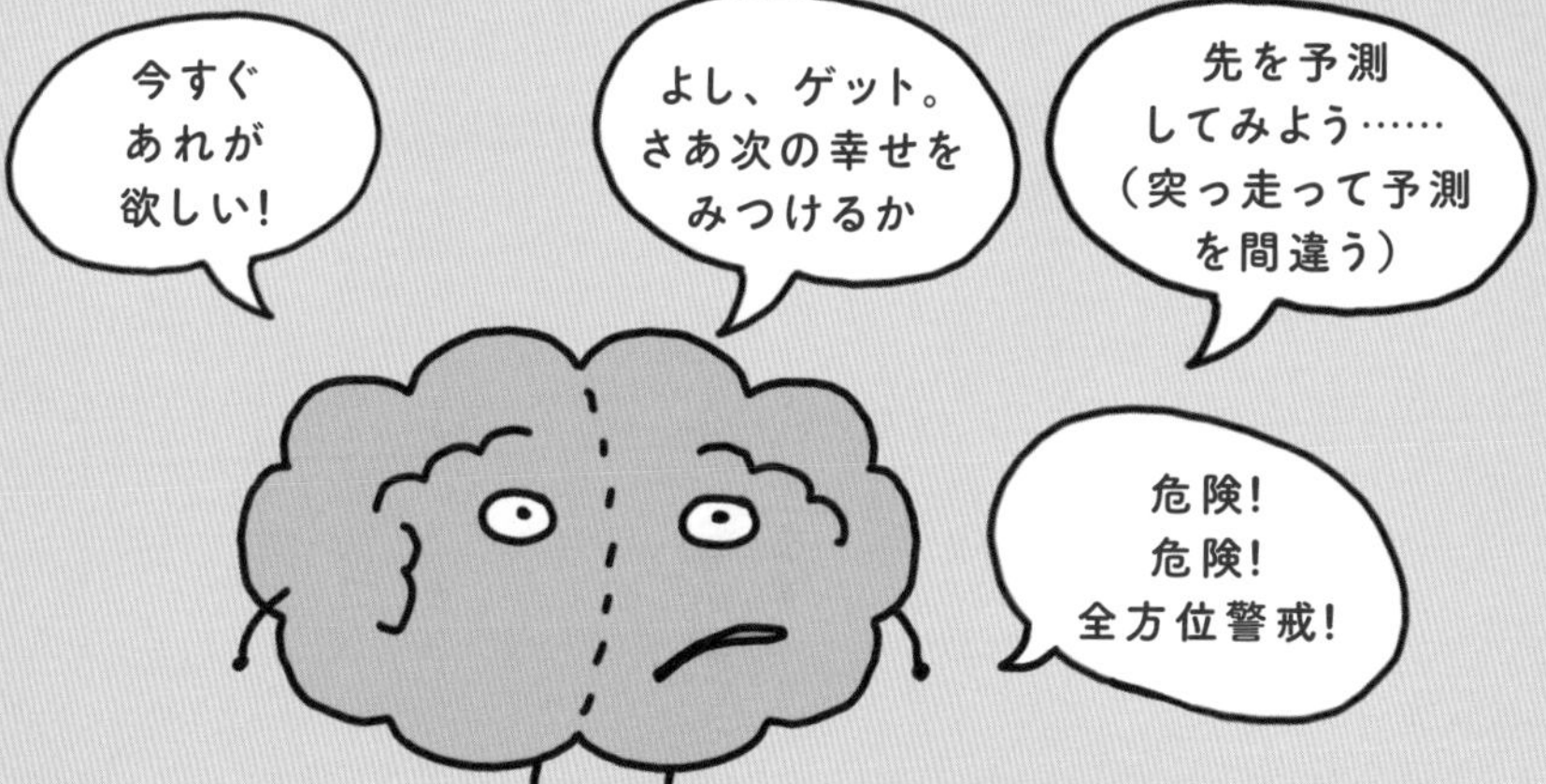

EXERCISE

1 脳とうまく付き合う

では、脳とどう付き合えばいいでしょう？　脳の働き方を変えることはできないかもしれませんが、脳の働き方を理解すれば、脳が幸せの邪魔をしているときにそのことに気づき、対策を練ることができます。

この本では、全編を通して、ネガティブバイアスへの対処法、そして、脳が良いことをみつけ、観察し、味わえるようにするための方法を紹介していきます。

55～56ページの図は、脳のショートカットが発生したことに気づき、自分にできる簡単な対処法を考えるためのものです。これらの図で書かれている例を参考にしてみてください。

ネガティブバイアスへの対処法

ネガティブバイアスの例

有益な対処法

ポジティブな評価を
たくさんもらっているのに、
たった1つの
（やや）ネガティブな
コメントに落ち込む。

→

うまくできたことを
じっくり考えて、
脳がそれを覚えられる
ようにしよう。

1日を振り返ると、
脳がすぐに
ネガティブなことに
目を向ける。

→

視野を広げて、
ポジティブな面にも目を向けて。
たとえば、仕事に対してネガティブな
コメントが1つあったら、
ポジティブなコメントはいくつ
あったかを数えよう。ポジティブな面に
着目すれば、脳が悪いことだけに
引っ張られない。

快楽順応と感情予測への対処法

快楽順応の例

ポジティブな
出来事は人生にあまり
影響しないように見えるので、
注目しない。良い出来事
にもほとんど気づかない。

有益な対処法

良いことに注目しよう。
今日やれたこと、嬉しかったこと、
誇らしかったことを振り返って。
良いことに注目すればするほど、
それが記憶に残るし、
脳と感情への効果も長続きする。

たいしたことで
なくても大丈夫。
日々の小さな「できた」
をかみしめて。

写真を撮る、
話し合うなど、
良いことを記憶する
方法をみつけよう。

感情予測の例

どんよりした気分なので、
イベントに行っても
楽しめないと予測し、
予定をキャンセルする。
（実際は予測が間違っている
ことが多いんだけど……）

予定されている
イベントが不安なため、
きっと散々な目にあうと考える。
でも実際に行ってみると、
思ったほど悪くなく、
だんだん楽しくなってくる。

有益な対処法

過去の経験に
照らし合わせて考えよう。
そのイベントをどれくらい楽しめそう？
また、実際にどれくらい楽しめた？
それぞれ1〜10で表し、
予測が正しかったか確認して。
次に同じようなことがあったときの
ために、結果を記録しておくと、
感情を正確に予想できる。

TOOL 3 幸せをジャマする「5つの壁」を知る

幸せはつまるところ、日々の意思決定と行動によってつくられます。ですからウェルビーイングを向上させるには、日々の決定や行動が、人生のプラスになるものでなくてはいけません。

ここまで見てきたとおり、幸せに関する信念は、私たちの予測や意思決定、行動を左右する重要な要素です。良い出来事に脳が慣れてしまう「快楽順応」や、「いつか幸せの国がみつかる」という間違った信念の存在により、幸せになれると思っていた場所にたどり着いても、期待外れに終わるケースがほとんどです。

では、幸せに関する信念に影響を与えるものは何でしょうか？　それは、幼い頃から家庭で聞いてきた話や、直接または間接的に社会から受け取ったメッセージ、そして経験です。脳は、これまでに聞いたことや経験したことに基づいて信念体系（個々の信念からなる物事の評価基準）をつくりあげるのです。

ウェルビーイングの研究論文を読んでいると毎回思うのですが、社会が伝えてくる「私たちのやるべきこと」は、研究の伝える「やれば幸せになれること」とたいてい正反対です。

社会からはこう言われます――「もっと多くのものを手に入れろ」「もっと稼げ」「出世しろ」「だらだらするな」「いつもごきげんでいろ」「もっと上を目指せ」「絶対に失敗するな」。それでやっとすべてをこなしたと思ったら、「もっとがんばれ」と言われます。

でも皮肉なことに、この種の目標に向けて努力する行為自体は普通苦しいものですし、肝心の目標を達成したとしても、幸せになることはめったにありません。それなのに、こうした社会全体の持つ信念が、私たち個人の意思決定や行動、信念のもととなっているために、私たちはえてして、ありもしない場所に幸せを求めてしまいます。

幸せになりたいなら、社会の信念に疑いの目を向けると同時に、それを鵜呑みにしてしまう原因を考える必要があるのです。

それでは、社会にはびこる幸せに関する信念と、私たちの幸せをジャマする壁の具体例を見ていきましょう。

幸せをジャマする壁1　終わらない「努力物語」

社会のメッセージに目を向けると、そこに共通のテーマがあることに気づくでしょう。「もっと努力しろ」「向上しろ」「今以上のことをやれ」「今以上の自分になれ」「自己実現しろ」「自己改善しろ」……。こうしたメッセージに追い立てられ、私たちはいわゆる「快楽のランニングマシン」に乗ってしまいます。

必死で努力しているときの私たちは、いつも次の目標を、つまりレベルアップする方法を探し求め、今の自分では不十分だと信じています。また、目標の場所、

――それが「お金持ちになること」であれ「名声を得ること」であれ、その他何であれ――にたどり着かないと幸せになれないと思っています。

しかし、研究によれば、その種の目標を達成しても、たいていは望んでいるような幸せは手に入りません（48ページの快楽順応を思い出してください）。結局、いつまで経ってもランニングマシンから降りられず、次の目標に向かって走り続けます。立ち止まって、今持っているものや達成したことをじっくり味わうことはありません。

「すでにできていること」に意識を向けることこそ、目の前のウェルビーイングを高める方法なのですが、**私たちは「今」を見失っています。**常に次の目標に向かって走っていて、「今ここ」について考えることを忘れているのです。

だからといって、目標指向の脳にとって、達成が快感でないとは言いません――達成感は私も大好きです。しかし、「幸せは未来の達成のみにあり、達成に向けて努力する過程にはない」と考えていれば、不幸になりかねません。

快楽のランニングマシン

幸せをジャマする壁2　目先の報酬vs将来の幸せ

脳の報酬系は、喜びを感じるのに重要な役割を果たしていて、学習と記憶に密接に関わっています。考えてみれば当然です。喜びや快感につながるものを記憶しておけば、将来また同じものを求める可能性が高まるからです（食べ物や社会的つながりやセックスがその良い例です）。

脳の報酬系は、報酬が得られることを予想すると——場合によっては報酬を受け取るとき以上に——興奮します。この性質は私たちのためになることが多いのですが、不利になることもあります。**今すぐ大きな快感をもたらすものが、将来も快感をもたらすとは限らないからです。**それでも脳の報酬系は今すぐ得られる報酬に強く引きつけられるため、実際はその報酬では幸せになれないにもかかわらず、私たちは「幸せになるにはその魅力的な報酬がどうしても必要だ」と思ってしまいます。

最もわかりやすい例が**薬物とお酒**です。人々が薬物やお酒を摂取するのは、短期的な快感を得られるからです。どちらも化学作用により報酬系を活性化するため、私たちはそれを熱烈に求めます。しかし、**長期的に見れば、どちらも幸せを遠ざける可能性があります。**

SNSもその典型例です。私たち人間は認められたい生き物なので、「いいね」をもらえば嬉しくなるのは当然です。でも「いいね」を過剰に求めたり、「いいね」をもらえなかったときにがっかりしたり、といった事態になると、報酬系がとたんに不利に働きます。さらに悪いことに、がっかりしたり落ち込んだりすることが長い間続けば、目先の報酬がいっそう恋しくなり、悪循環に陥ることもあります。だから「いいね」に振り回されてしまっているときは、気づけるようにならないといけません。

簡単そうに聞こえるでしょう？　でも報酬系の影響は強力で、**「最終的に害になる」と頭ではわかっていても、引き込まれてしまうものなのです。**

幸せをジャマする壁3　幸せを楽しむことは悪いこと

私たちの行動に悪影響を及ぼしている社会の信念として他に、**「楽しんだり楽をしたりしてはいけない」**というものがあります。

この信念が生産性の問題と結びつくと、「自分の価値を証明するにはいつも目標のために努力していないといけない」というプレッシャーに変わります。そのため、私たちは楽しいことをしていると「もっと生産的なことをしなくちゃ」と罪悪感を抱きます。今幸せを感じるための行動はあと回しになり、「やるべきことをすべて終わらせてからはじめてやれるもの」になってしまいます。

気分良く過ごすことを許さない考え方は、他にもたくさんあります。たとえば、「いつか幸せが終わってしまうのでは」とか「楽しんでいると足をすくわれるのでは」と恐れている場合。あるいは、「誇りを感じるのは思い上がりだ」のように、ポジティブな感情を味わうことにネガティブな信念を抱いている場合もあります。「自分には幸せを感じる資格がない」といった具合に、**自分に関する思い込みが幸せを妨げてしまう**こともあるでしょう。

しかし、**ポジティブな感情や体験を生活に取り入れることを、あと回しにすべきではありません。**ポジティブな活動とそこから生まれる快感は、脳や体にも、そして健康や幸福度にも良い影響を与えます。「長生きにつながる」という研究結果も出ているくらいです。

ですから、**ポジティブな活動とその快感は、まさに人生に欠かせない要素で、幸せの主成分と考えるべきです。**

幸せをジャマする壁4　幸せに必死になりすぎる

幸せそのものが「努力物語」の対象となったらどうなるでしょうか？　つまり、幸せを**「常に追求しないといけないもの」**と見なしていたら？

研究によると、幸せに必死になりすぎるのは、逆効果かもしれません。「えっ、ちょっと待って。だったら私は何のためにこの本を読んでいるわけ？」という声が聞こえてきそうです。ひとまず、幸福神話2と3のお話をおさらいしましょうか。
もしあなたが、「これを読めば永久に幸せでいられる秘訣がわかるはず」と思ってこの本を読んでいるなら、残念ながら、あなたはがっかりすることになります。知ってのとおり、「永久に幸せ」なんて、現実的ではありません。
幸せを究極の最終目標と見なしていると、そこに届かなかった場合、挫折感を覚えて余計みじめになってしまうかもしれません。

そもそも、「幸せの国」が存在しない以上、その桃源郷にたどり着くことはありえないのです。でも、まだ本を閉じないでください。**幸せとは、究極の最終目標でも必死で追い求める感情でもなく、日々をていねいに暮らす過程そのものです。**

この本のねらいは、自分自身とその感情、そして自分のウェルビーイング（とそれをつくる要素）を理解することにあります。それができれば、自分にとって意味のあるもの、自分のウェルビーイングにプラスになるものを大切にして、自分らしい幸せを日々積み上げていけるのです。

幸せをジャマする壁5 「状況」を軽視する

「幸せはお金では買えない」と言われますね。それはある程度は事実です。しかし、まぎれもない事実を言わせてもらうと、十分なお金がなければ幸せになるのが難しい可能性があります。

貧困は大きなストレスであり、さまざまな仕組みによって、ウェルビーイングに影響を及ぼします。「安心できない」「自分ではどうにもできない」「基本的欲求を満たせない」という状況は、その人の健康や幸せを脅かします。幸せな瞬間がまったくないとは言いませんが、総合的な健康と幸せを実現するには、ある程度の安心感や安全感が必要だし、基本的欲求が満たされている必要があります。

ということは、西洋社会にありがちなように、幸せを個人レベルの問題にとどめておいてはいけません。幸せのベースとなる環境に、地域レベル、社会レベルで目を向け、幸せとウェルビーイングを実現する手段を人々に与えるべきです。

もしあなたが今困難な状況にいて不幸だと感じているなら、それはなにもあなた個人の責任ではありません。ぜひ知っておいていただきたいのですが、あなたの幸せを妨げている最大の壁が「状況」である場合、この本に書かれていることはどれも有効ではないかもしれません。

「状況」という幸せの前提が整っていないなら、土台が不安定な状態ですから、細かい部分をつくり込む前に土台をつくらなくてはいけないでしょう。

EXERCISE 1 幸せの壁になっているものをみつける

左ページのイラストを使って、何があなたの幸せの壁になっているのか、どうしたらそれに対処できるかをクリアにしましょう。

幸せの壁になっているものをみつけよう

TOOL 4 自分にとっての幸せを理解する

このセクションでは、この本を読み進めるうえで、さらには生きていくうえで基本となる**「幸せのサンドイッチの原型」**をつくります。

幸せに単純な方程式は存在しないので、幸せのサンドイッチに何を挟むべきかはその人のセンスと好みしだいです——本物のサンドイッチの具と同じように、幸せの具の好みも十人十色でしょう（チーズとプリングルズを挟む人、手を上げて。誰もいない？　じゃあ私だけですね）。

大事なのは、自分に合う具（人生の変化とともに変わることもあるでしょう）を考え、それに気づき、理解すること。そして、やっかいな脳が不利に働いたときにそれを自覚することです。

気分の良くなる具に注目していけば、常に学びがあります。自分にとってできるだけ効果的な幸せのサンドイッチをつくる、その活かし方を考える、改善すべき部分がないか定期的にチェックする、というプロセスにより、**「何をして何をしないか」を意識的に決められるようになります。**

幸せのサンドイッチは、幸せを増やすのに役立つだけでなく、自分の感情や気分に影響する要素を把握し、その要素が発生した場合の対処法を決める助けにもなるのです。

この後にご紹介するエクササイズで、あなたの幸せのサンドイッチに入れる具を決めましょう。具が決まったら20ページのテンプレートに記入し、さらに先を読みながら、幸せに気づくために日常生活で意識することや、信念、状況、幸せの理論の実践方法なども書き足していってください。

幸せのサンドイッチ

意識
役立つ
道具
信念
ボクには
信じてることが
あるんだ
なんでここに
いるんだろ?
ニセの具
意味も
たっぷり
味わって
意味と目的
理論
行動
おかげで
楽しいよ
ポジティブな感情
生活の基礎
しっかり
支えるよ
状況
実践

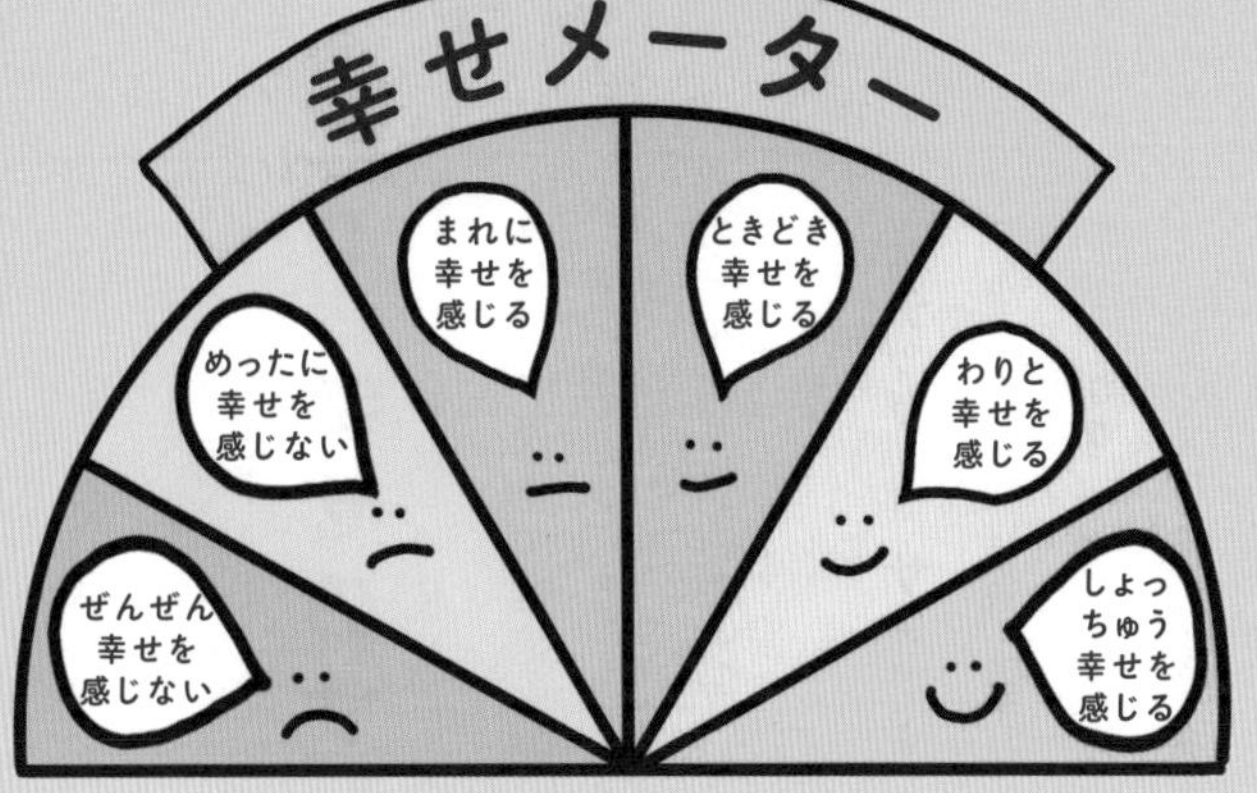
幸せメーター
ぜんぜん幸せを感じない
めったに幸せを感じない
まれに幸せを感じる
ときどき幸せを感じる
わりと幸せを感じる
しょっちゅう幸せを感じる

あなたの今の幸福度はどれ？
なぜそう思った？
あなたの気持ちに何が影響している？
幸福度を高めるのに必要なことは何？

EXERCISE 1

あなたの幸福度はどれくらい？

それではまず、今現在のあなたの幸福度がどれくらいか、上のイラストの幸せメーターを使って考えてみましょう。

繰り返しになりますが、幸せに必要なのは、常に幸せを感じることではなく（それは不可能ですから）、自分の気持ちに気づき、（可能であれば）改善できるポイントを明らかにすることです。

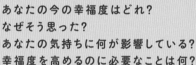

EXERCISE

2 幸せのサンドイッチをつくる

幸せメーターで幸福度がわかったところで、幸せのサンドイッチのつくり方を見ていきましょう。72ページのイラストを見ながらサンドイッチに入れる材料を考え、20ページのテンプレートに記入してください。

ステップ1　サンドイッチの下のパン（生活の基礎）を安定させる

土台がなければ幸せの具は乗せられません。土台がまったくない状態ですか？　そのような場合は、あなたを不安にさせる、あなたに頻繁にストレスを与える、あなたからエネルギーを奪うなどして日常的に幸福度を下げている要素がないか、考えることが重要です。

そういうものがあればサンドイッチに乗せられる具の数も制限されるでしょう。何か取り組むべき問題はありませんか？　取り組むのに支援が必要な問題は？

基本的なセルフケア、つまりストレス管理や、睡眠、食生活の改善、水分補給などはどれも、幸せの土台を強化し、良い気分になるために取り組むこと（サンドイッチの具）を実行可能にします。エネルギーなどの前提条件が整い、脳と体が身体的な快感を生みだせるようになるからです。この前提条件が整っていなければ、サンドイッチの土台は具をきちんと支えられないかもしれません。

ステップ2　サンドイッチの上のパン（信念）を見直す

この層は私たちの信念を表しています。信念はサンドイッチをつくる助けとなることもあれば、害となることもあります。

そう、一口かじったとたんに、すべての材料がセーターに飛び散るかもしれません。たとえば、あなたが「馬車馬のように働けば幸せになれる」という信念を持っていれば、「長時間勤務」という間違った材料を追加し続けてしまいます。

幸せそのものに対する信念も重要です。つまり、幸せのサンドイッチをどう扱うかについての考え方です。自分のサンドイッチに価値がないと思っていれば、あなたはそれを袋に入れたまま放置し、2、3週間後にカビが生えたパンを発見することになるでしょう。あるいは自分は幸せになるに値しないと思っていれば、サンドイッチに見向きもしないでしょう。

そこでここでは、**「自分は幸せについてどんな信念を持っているか」「その中のどの信念が自分のためになるか」**を考えましょう。おいしくて崩れにくいサンドイッチをつくるのに役立つ信念はどれでしょう?

反対に、逆効果となる信念、一口かじったらサンドイッチが崩れてしまうような信念はどれでしょう? 自分の信念を特定するのは必ずしも楽ではありませんし、その信念を変えるのはさらに難しいかもしれませんが、幸せをジャマする壁を見きわめるために信念に目を向けることは、無駄にはならないでしょう。

68〜69ページで紹介したエクササイズを使って、この問題に取り組んでみてください。その他の信念が幸せをジャマする可能性については、後ほど（153〜166ページ参照）検討します。

ステップ3　サンドイッチの具（幸せにつながる要素）を選ぶ

パンができたら、次は間に挟む具を決めていきましょう。何を挟むかぜんぜん決められない人も、心配ご無用。この後も、ウェルビーイングの向上に効果があると証明されている要素については引き続き考えていきますから、その都度足していけば大丈夫です。

・あなたを気持ち良くするものは何？：ポジティブな感情の具

「嬉しい」「楽しい」などの快感をもたらす活動を、サンドイッチのポジティブな感情の具のところに全部書きだしてください。やった瞬間に気持ちが良くなるものでも、やり終えて初めて良い気分になるものでもかまいません。

ただ、先ほどもお伝えしたように、私たちは未来の感情を正確に予測できないことがあるので、いずれ予測がずれていたことに気づき、修正する必要が出てくるかもしれません。私の場合、ポジティブな感情の具のところには、「友達に会う」「子どもと遊ぶ」「おいしいものを食べる」などが入ります（このうちのいくつかは、私に快感だけでなく、意味と目的も与えてくれます――「意味と目的」は次の項目で詳しく取り上げます）。

ポジティブな感情の具のみつけ方を、1つご紹介します。予測に頼るのではなく、何かを体験したときに、**どれくらい良い気分になったかをリアルタイムで測定してください。**何らかの行動や活動をした後、そのときの気分を1～10で評価し、さらに感情を言葉で説明してみましょう。

とはいえ、何事もそうですが、1回では指標になるような十分なデータは得られないことは覚えておいてください。たとえば、初回は頭痛がしてひどい気分になった活動も、2回目以降は楽しめるかもしれません。そんなふうに時間をかけて試していくうちに、**どんな活動をしたらどんな気持ちになるのか、どの活動をサンドイッチに加えたいかを、バラン**

スの取れた視点から判断できるようになるでしょう。

・意味と目的を感じさせてくれるものは何？：意味と目的の具

くり返しますが、ポジティブな感情を感じることだけが幸せではありません。意味と目的も重要です。ちょうどいい味のサンドイッチをつくるには、ポジティブな感情と意味、両方の材料がバランス良く含まれていないといけません。あなたにとって何が意味のあることなのか考えてみましょう。

周知のように、自分の価値観を大切にし、自分にとって大切なものを大切にして生きればウェルビーイングは向上しますから、価値観を深掘りしたい人は、価値観のエクササイズをやってみるのもよいでしょう（参考文献324〜327ページ参照）。自分に意味と目的を与えてくれる活動が何か、考えてください。

ポジティブな感情と、意味・目的は、重なる場合があります。つまり、ポジティブな感情を与えてくれるものが、意味と目的も与えてくれることもあるし、その逆もありえます。私の例を挙げると、仕事で人助けをすることは私に意味と目的を与えてくれます。そして、大変な面はあるにしても、やっぱりそれは楽しいことでもあるのです。

ステップ4　間違った材料を見わける

私たちはサンドイッチの材料をいつも正しく選べるとは限りません。最初はおいしいのに後味の悪い具がありませんか？　このステップではそのような具に注目します。

・目先の報酬はどれ？

「目先の報酬」は、かじった瞬間はすごくおいしいけれど、結局嫌な味が残り、「入れなければ良かった」と思うような具です。このようなときは、いっときの楽しみを後悔したり恥じたりするのではなく、62ページでお伝えした**脳の報酬系を理解する**ことが大事です。

脳の報酬系は、目先の報酬を追い求めたり予想したりするようにできていて、長続きする幸福感をもたらすようにはできていません。そして目先の報酬は総合的な幸せを妨げることがあります。たとえば、スマホは大量の目先の報酬によって私たちを引きつけますが、それだと結局、私たちは現実世界で気分良く過ごすための手段に目がいかなくなってしまいます。

・予想に反して幸せをもたらさなかったものは何？

これはサンドイッチのニセの具、つまり「実は好きじゃなかった」と気づいた具や、思っていたような効果がなかった具のことです。

ひょっとしたらその原因は社会のメッセージや誤った期待にあるかもしれません。たとえば、「体重が○キロになれば幸せになれる」「SNSのフォロワーを○人集めたら最高の気分になれる」と信じていたのに、それを実現してみると、幸福度はちっとも上がっていないと気づいたりするのです。

ステップ5　サンドイッチに影響を与えるものを理解する

サンドイッチの具（サンドイッチに何を入れるか）やその効果（サンドイッチから幸せを得られるか）を左右する要素は、他にもいくつかあります。

・日々の意識：サンドイッチの具のみつけ方・味わい方

これはサンドイッチに入れるものを決めるのに役立つ、「注意」に当たります。注意は信念体系と深く関係していて、信念体系とともに、あなたの具の選択に影響を与えます。また、具の効果も左右します。**注意の向け方によって、その活動にどの程度集中するかが変わり、結果として、どの程度幸せを得られるかが変わるためです。**

つまり、幸せのサンドイッチの具の味をきちんと感じられているのか、それともスマホをいじるなど他のものに気を取られていて、具の効果に気づいていないのか、ということです。注意は信念体系だけでなく、脳のショートカットとも関係しています。だからあなたは、幸せを脅かすものにはすぐに気づくのに、大きな幸せをもたらすものにはなかなか

——というか、そもそも——気づきません。

・**日々の行動：サンドイッチを食べる習慣のつくり方**

これは、幸せのサンドイッチがその意味と効果を発揮できるようにするためのものです。つまり、**幸せの理論を、日常生活で実践できているか**ということです。つくるだけつくって、食べる習慣を忘れていませんか？　サンドイッチをアップデートし、必要に応じて具を入れ替え、適切なタイミングでそれを食べていますか？　知識に基づいて立派なサンドイッチをつくったとしても、それを日常に取り入れられているでしょうか？

・**状況：良いサンドイッチをつくるための環境**

最後に、サンドイッチは状況、つまりあなたの環境と切っても切れない関係にあります。状況は幸せのサンドイッチにさまざまなかたちで影響します。まず、信念体系をつくりあげる一助となり、その後も信念体系に影響を与えつづけます。状況によっては、サンドイッチに入れられるものも変わってきますし、何より、サンドイッチの土台が弱くなり、ぐらついてしまうこともあります。たとえば、まわりの人から見下されていると、その状況がストレスとなり（ストレスは土台に影響します）、信念体系にも影響を及ぼしかねません。

サンドイッチの要素は、第2章以降で詳しく説明していきますが、20ページのテンプレートは何度も活用するので、ここでじっくり向き合ってみてくださいね。

第2章　私たちを幸せにするものは何？

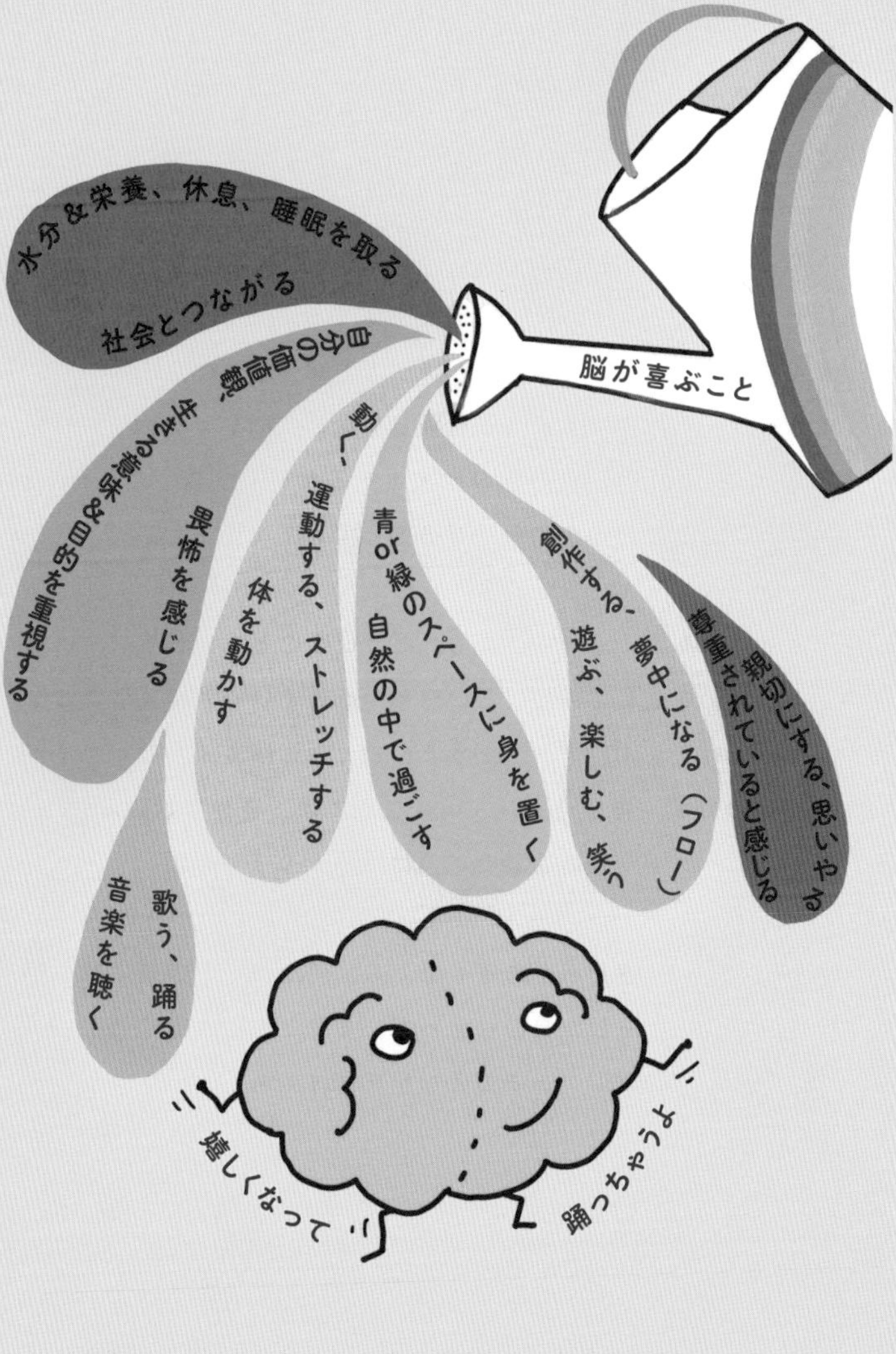
脳が喜ぶこと
水分&栄養、休息、睡眠を取る
社会とつながる
自分の価値観、生きる意味&目的を重視する
畏怖を感じる
動く、運動する、ストレッチする
体を動かす
青or緑のスペースに身を置く
自然の中で過ごす
創作する、夢中になる（フロー）
遊ぶ、楽しむ、笑う
親切にする、思いやる
尊重されていると感じる
歌う、踊る
音楽を聴く
嬉しくなって
踊っちゃうよ

第１章では、幸せに関する間違った信念とその原因、さらに、その信念が幸せの足かせになる可能性について説明しました。あなたの幸せのサンドイッチに紛れ込んだ間違った材料、つまりウェルビーイングを阻む要素がみつかったのではないでしょうか。次は良い気分になる具に焦点を移し、どの具を入れたいか考えていきましょう。

第2章では、良い気分をもたらす要素を、いくつかのトピックに分けて見ていきます。ただ、どのトピックを読んでも、「このとおりにやればうまくいく」というような「幸せの処方箋」は出てきません。人生はそれほど単純じゃないのです。それぞれのトピックは、狙いの材料を選びやすくするための分類、もしくは、幸せの具をみつけるのに最適な分野と考えてください。

幸せは日々積み上げていくものだということを忘れずに、いろいろなものを試してみて、その時々でうまくいくかチェックしなくてはいけません。すべてがうまくいくとは限りませんが、それでいいのです。自分で選び、試さなくては、自分の状況、強み、スキルにベストな組み合わせの具はみつかりません。

たとえ最初は違和感があるものでも、何度か別の方法で試してみてください。それが自分に合っているかどうかを脳にわからせるには、実際に試してみるしかないのですから。

TOOL 5 つながる幸せ

お金や所有物やキャリアは、ウェルビーイングと実はそれほど関係がありません。その3つよりも長期的な幸福にはるかに大きな影響を与える要素が存在します。その要素は非常に重要なので、私たちの脳はそれを実現するために特別に設計されているほどです。

では、そのすごいものは、いったい何でしょう？　それは猫の笑える動画をシェアするとき、上司の愚痴を言うとき、寝る前の読み聞かせをするときに発生しているもの……そう、**社会的つながり**です。

この件について、異議を唱える人はいないでしょう。良い人間関係を築くことは、心や体の健康を良くし、長生きすることにも効果があると、たくさんの研究で明らかになっています。それだけしっかりした根拠があるのです。

だからこそ、「ハーバード成人発達研究」（ハーバード大学の卒業生とその子どもたちのウェルビーイングを70年以上追っている研究）の主任研究員ロバート・ウォールディンガーも、**「良い人生とはすなわち良い人間関係である」**と結論づけています。なんとも説得力がありますね。

つながりの反対は**孤立**だと考えられます。孤独（本人が望まないのに1人でいて、ひとりぼっちだと感じること）の研究によれば、孤立は私たち人間につながりとは正反対の影響を与えます。つまり、ストレスが増え、健康が悪化するのです。体内で生理学的なストレスマーカーが増え、結果的に、健康とウェルビーイングが悪化します。

良質な人間関係はなぜそんなに有益なのでしょうか？　理由はたくさんあります。まず、誰かと感情を共有したり、自分の状況について話し合ったりすれば、情報を消化できたり、ストレス発散になったりと、良い影響があります。

他にも、物事を違う視点からとらえられたり、悩みが解消されたり、問題を解決するための現実的なアドバイスが得られたりすることさえあります。

また、**他の人と一緒に過ごすことは、人生に意味と目的を与えます。**人を助け、支える機会が生まれるからです。ポジティブな体験について話し、共有することもできます。すると、その体験について考えたり、思い出したりする時間が増えるため、その体験のポジティブな効果が長続きし、快楽順応を抑えられます。

また、感情を共有すると、やっかいな感情は消化しやすくなり、楽しい感情はより大きく、強くなります（笑いは常によいものですが、一緒に笑ってくれる人がいるほうが断然笑いが起きやすいようです）。人と関われば、1人ではできないことができたり、目標を達成しやすくなったりするし、似た価値観の人たちに囲まれていると、安心感と自己肯定感が得られます。

ここで忘れてはならないのが「量より質」だということです。**幸せに重要なのは人間関係の「質」であり、つながりの「強さ」だからです。**親しい間柄では、安心感のもととなる信頼を築けるかどうかがポイントとなってきます。

でも、これは誰もが自然にできることではないと認めましょう。これまでの経験、そして経験によってはぐくまれた信念体系によっては、他人を信頼することが思った以上に難しい場合もあります。

社会的つながりのかたちは1つではありません。同じ趣味の仲間や、同じようなつらい経験をしている人たちとつながると、**「他にも同じように感じている人がいるんだ」**と思えます。

人と違うと思うと孤独になりますが、自分の経験との共通点をみつけられれば、それだけで肯定された感じがするものです。日常のほんの小さなつながり、たとえばすれ違いざまにほほ笑む、会議中に長くしゃべりすぎた人に目で合図する、といったことも大事でまわりとのつながりを感じさせてくれます。

もう1つ、つながりの利点を考える際に取り入れてほしい視点が、**ソーシャル・キャピタル**です。ソーシャル・キャピタルとは、子どものお迎えを共同でやるなど、周囲の人たちから利益を得る能力のことです。そう聞くと利己的な感じがす

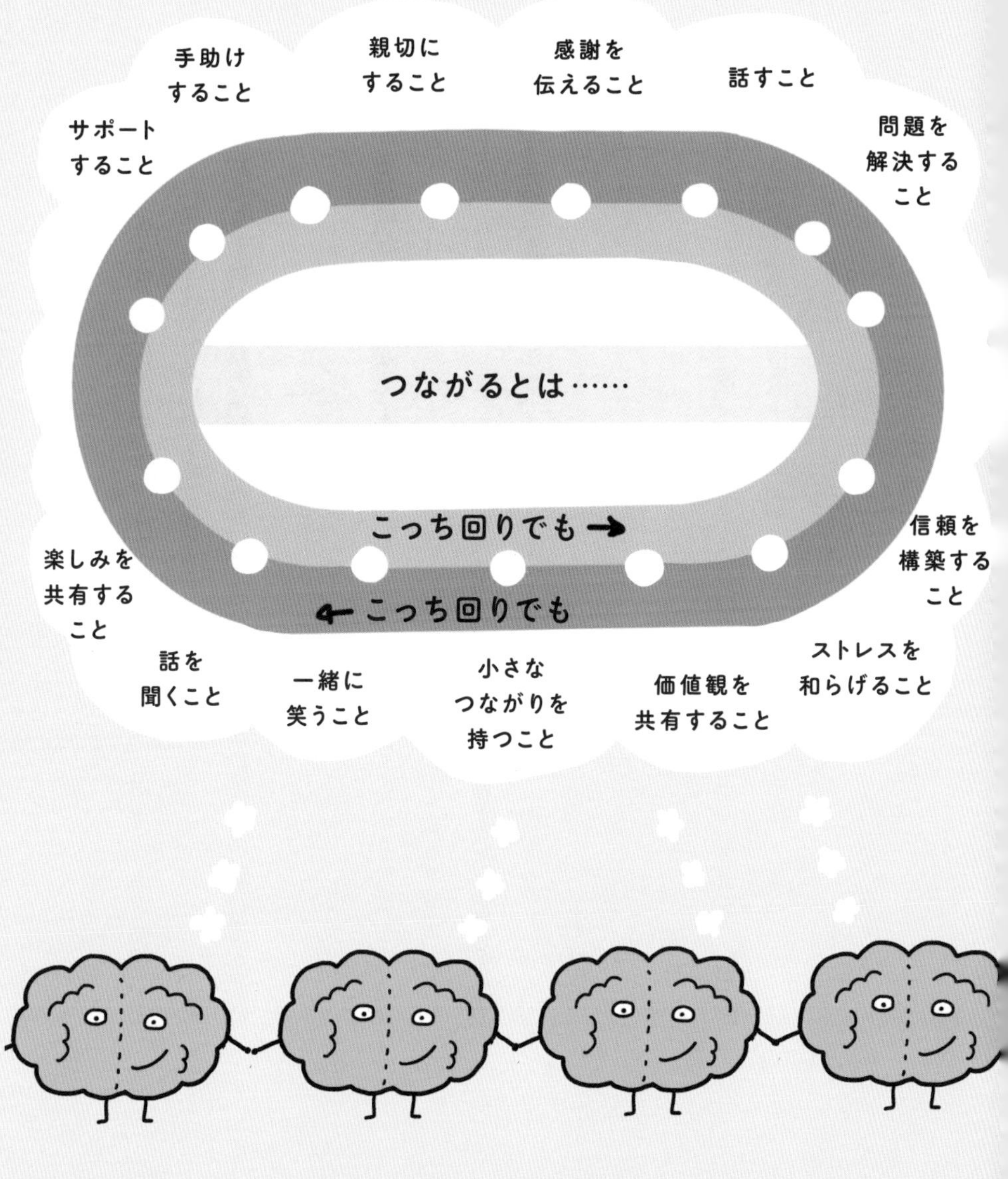

サポート
すること
手助け
すること
親切に
すること
感謝を
伝えること
話すこと
問題を
解決する
こと
つながるとは……
こっち回りでも→
←こっち回りでも
信頼を
構築する
こと
ストレスを
和らげること
価値観を
共有すること
小さな
つながりを
持つこと
一緒に
笑うこと
話を
聞くこと
楽しみを
共有する
こと

るかもしれませんが、社会的ネットワークは相互関係にあるので、人を助けると
どちらの側にも、いえむしろ助ける側のほうに多く、利益があります。つまり、**社会とつながることは、あなたの使える手立てを増やし、問題解決を助けてくれるのです。**

つながる相手は人間でなくてもかまいません。動物とのつながりは喜びと人生の目的の両方を与えてくれます。自然とのつながりを感じることもプラスになります（これについては後ほど詳しく解説します）。大事なのは、**どうしたらつながりをつくれるか考えることです。**つながりの意味するところは人によって違うでしょうが、他にどんな幸せの具を選ぶとしても、社会的つながりは優先的にサンドイッチに入れるべきです。

次のエクササイズでは、ウェルビーイングの具体的な改善策、それも、効果が証明されている改善策を取り上げます。

EXERCISE 1

幸せのサンドイッチにつながりを追加する

つながりは幸せとウェルビーイングに欠かせないため、その人に合ったかたちで、あらゆるサンドイッチに標準的に入れるべきです。

次の質問をヒントに、あなたにとってのつながりとは何かを考え、他のエクササイズで出した答えとともに、あなたの幸せのサンドイッチに追加できるようにしましょう。

Q 私が最もつながりを感じるのはどんなとき？

Q 私がつながりを感じるのに役立つものは？

Q それを生活に取り入れるにはどうしたらいい？

EXERCISE 2

日々の生活に小さな親切と手助けを取り入れる

「おこづかいは人のために使うほうが好き」という娘の発言を聞くにつけ、この子は大事なことに気づいているなあと思います。人に親切にすると、ポジティブな感情が増えてネガティブな感情が減り、社会的つながりが深まり、人生の意味や目的を強く感じることで、ウェルビーイングが向上するからです。

研究によれば、小さな親切は大きな親切と同等かそれ以上に幸せをもたらすかもしれません。5つの小さな親切のほうが、1つのもっと大きな親切よりも私たちを気持ち良くさせるという研究もあります。

普段の生活でできる小さな親切がないか考えてみましょう。ドアを押さえておいてあげる、ほほ笑みかける、2人の思い出の写真を友達に送る……ありがとうと言うだけでもいいかもしれません。『Action for Happiness』（参考文献324〜327ページ参照）のサイトには親切を取り入れるアイデアがたくさん載っていますので、必要であれば参考にしてみてください。

Q 普段の生活でできる小さな親切は何？

EXERCISE
3 思いやりを育てる

「思いやり」とは、相手の気持ちを考えることです。誰しも水面下ではいろいろなことが起きています。そのことを認めて理解しようと努めること、自分に見える氷山の一角だけを見て判断しないことが思いやりです。

幸せは思いやりの能力と関係があります。相手を思いやれれば、怒りや不満を覚えにくく、つながりを感じやすいからです。さらに、相手のポジティブな感情を共有すれば、幸せもおすそ分けしてもらえます。

思いやりのイメージ
見えない部分を想像しよう

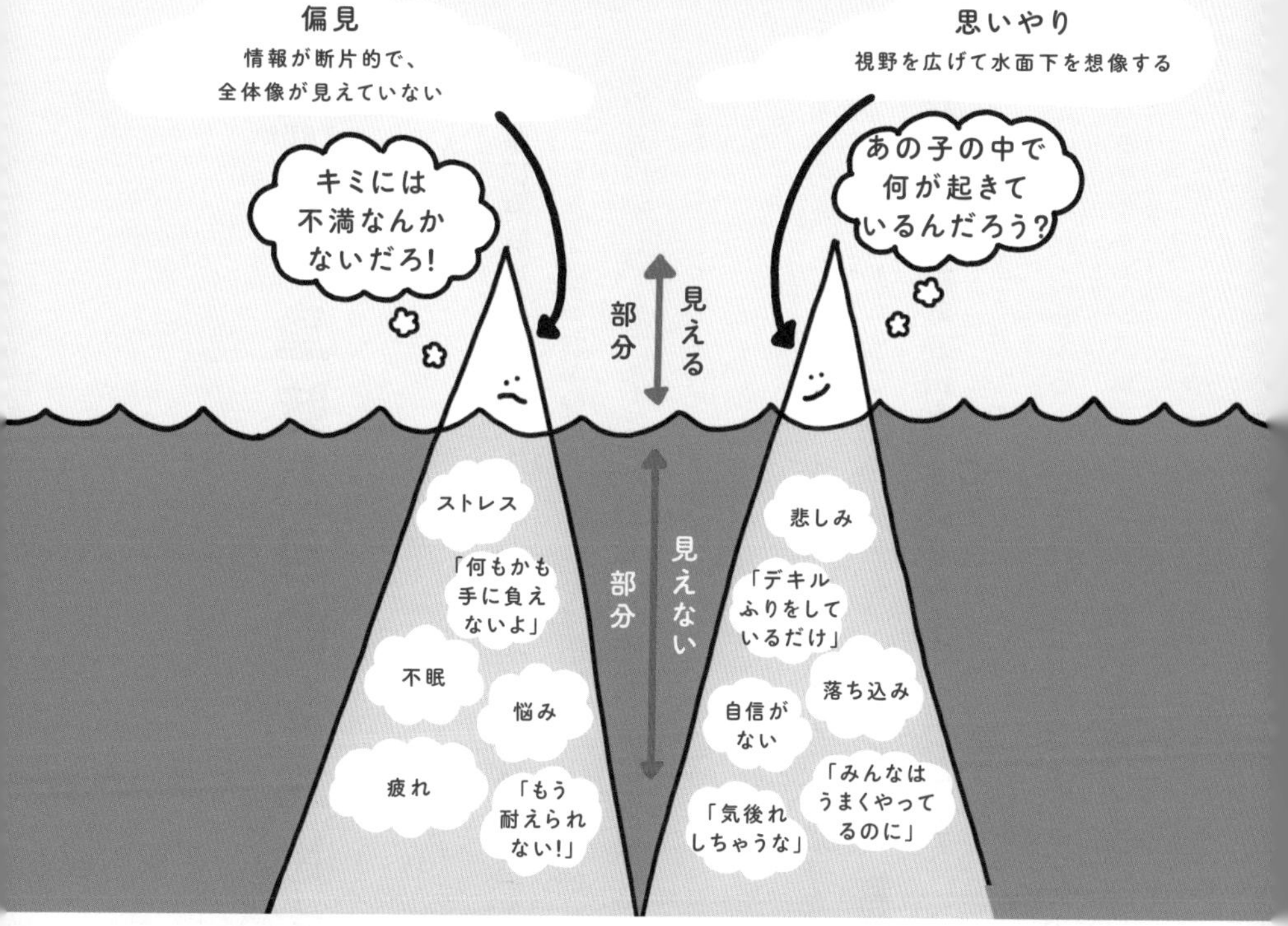

偏見
情報が断片的で、
全体像が見えていない
思いやり
視野を広げて水面下を想像する
キミには
不満なんか
ないだろ!
あの子の中で
何が起きて
いるんだろう?
見える
部分
見えない
部分
ストレス
「何もかも
手に負え
ないよ」
不眠
悩み
疲れ
「もう
耐えられ
ない!」
悲しみ
「デキル
ふりをして
いるだけ」
落ち込み
自信が
ない
「みんなは
うまくやって
るのに」
「気後れ
しちゃうな」

だから、もし次に誰かを偏見で批判してしまったら、いったん立ち止まり、一歩引いてみて。相手の見えない部分に思いをめぐらせてください——水面下には何がありますか？　理解が深まれば、相手に対する考えも行動も変わります。上のイラストに、思いやりのイメージを簡単にまとめました。

TOOL 6 意味と目的を見出す

物事に意味を見出すのが人間の性《さが》です。脳が無数のデータをふるいにかけてパターンをみつけるおかげで、私たちは情報をうまく処理できます。声や表情に意味を見出すし、五感から得たデータの意味を絶えず解釈しています（あの物体は灰色で、ふわふわのしっぽがあって、木の実を食べている。その意味するところはリスにちがいない）。

もちろん、「あのメールの言葉づかいはどういう意味なんだろう?」のように、頭をひねることも珍しくありません。いずれにせよ、**意味づけをすると、物事を理解したり、対応方法を考えたりしやすくなります。**

このようにあらゆるものに意味をみつけようとする強力なクセにより、私たちは意味のないランダムなデータにも意味を見出します。これは**「アポフェニア」**

と呼ばれるよくある現象です。

たとえば、ある人のことを思い浮かべたタイミングでその人から電話がかかってくると、その現象に意味があると考えます。あるいは、決断のヒントとなる「サイン」を探して、カップの底に沈んだ茶葉の意味を読もうとします。

このようなやや強引な意味づけも、困難な状況を理解するのに役立つことが少なくありません（「陰謀論」のような無益な「意味づけ」をしてしまう可能性もありますが）。

ということで、意味づけは基本的には、自分に起きた出来事を解釈し、考えを整理して、対応方法を見きわめるのに欠かせない行為なのです。

より高次元の「意味」にも同じことが当てはまります。**私たち人間は人生の目的をみつけたがります。**

第二次世界大戦の強制収容所で生き延びた精神科医ヴィクトール・フランクルは、人は意味を求めずにはいられない存在であり、生きる意味をみつけてそれを実現するように生きることが何よりも重要だと考えていました。そしてフリードリヒ・ニーチェの言葉を引用して、次のように述べています。「なぜ生きるかを知っている者は、どのように生きることにも耐える」

自分の生きる意味を理解すれば、生きる目的ができ、その目的はふさわしい生き方をしようとするものです。意味は幸福という概念の一部であるだけでなく、研究によれば、ストレス耐性を高め、気分を改善し、健康を促進し、さらには脳の働きを良くして長寿に貢献します。

以上のことから、**意味を見出すことは、幸せになるのに欠かせない要素**と考えられますから、私たちのサンドイッチでも必須の具となっているのです。

ときには1つのものが喜びと意味の両方をもたらします。子どもへの読み聞かせや友達とのおしゃべりがその例です。

しかしそうではない場合もあります。研究によると、子どもを持つことは、日々のポジティブな感情にたいして貢献しません（むしろ、睡眠不足やらストレスやら時間不足やらでイライラすることのほうが多いくらいです）が、「小さな赤ちゃんを育て上げるという大きな目的があるからこそ幸せを感じる」と人々は答えます。

本を書くことにも同じことが言えるかもしれません。私は、本を書いているとすごく爽快で楽しくなるときもあれば、大変であまり楽しくないと感じるときもあります。しかし、全体としては、目的を与えてくれるものに取り組んでいるわけで、自分の書いたものがほんの少しでも誰かに良い影響を与えるかもしれないと思うと、大きな意味を感じるのです。

とはいえ、サンドイッチはバランスが大事です。たとえ大きな意味のある活動でも、だいぶ先にならないとポジティブな気分になれない活動（ある意味、幸せを「おあずけ」にするということです）ばかりを入れてしまうと、幸せのサンドイッチの味は当面落ちるでしょうから、総合的な幸せを感じるには不十分です。

一口目からおいしさを味わい、将来的にも良い効果を得るためには、**今この瞬間のポジティブな感情も必要なのです。**

「意味」とはつまりどういうことでしょう？　それは**「なぜ生きるか」に対する答えです。**あなたに生きがいを感じさせてくれるもの、生きる目的を与えてくれるものです。「野望を抱け」のような大げさな話をしているわけではありません。**あなたの人生に意味を足してくれる日々のささやかな物事**をみつけてください。

ときには、「この作業が自分にとってなぜ意味のあることなのか」を見つめたり、「生活の中で意味ある物事を増やすにはどうすればいいか」と考えたりするだけでもいいのです。

意味とは価値観である、と説明されることもよくあります。価値観はあなたにとって重要なもので、目標を決める軸となる人生の指針です。自分にとって大切なものを大切にする生き方は、心を元気にすることがわかっています。

ですから、自分の人生に意味を与えてくれるものは何かを理解すれば、どの目標を追求するか、どの材料を幸せのサンドイッチに入れるか決めやすくなりますよ。

EXERCISE 1

意味や目的を与えてくれる活動をみつける

１０４ページのイラストを使って、あなたに意味を与えてくれる日々の活動をみつけましょう。衛星（活動）から惑星（意味）の順に考えてもいいし、逆でもかまいません。

何が自分に目的を与えてくれるのかわからない場合は、自分の価値観、つまり**「何に大きな意味を感じるか」**を見つめることから始めましょう。たとえば、人を助けることや、クリエイティブな活動、環境や社会にやさしい活動などが考えられます。

続いて、その価値観に合う活動が何か考えてください。インターネット上には価値観をみつけるエクササイズがたくさんありますので、それを利用してもよいでしょう（参考文献３２４〜３２７ページ参照）。

ナゼナゼ惑星

あなたの意味と目的は何?

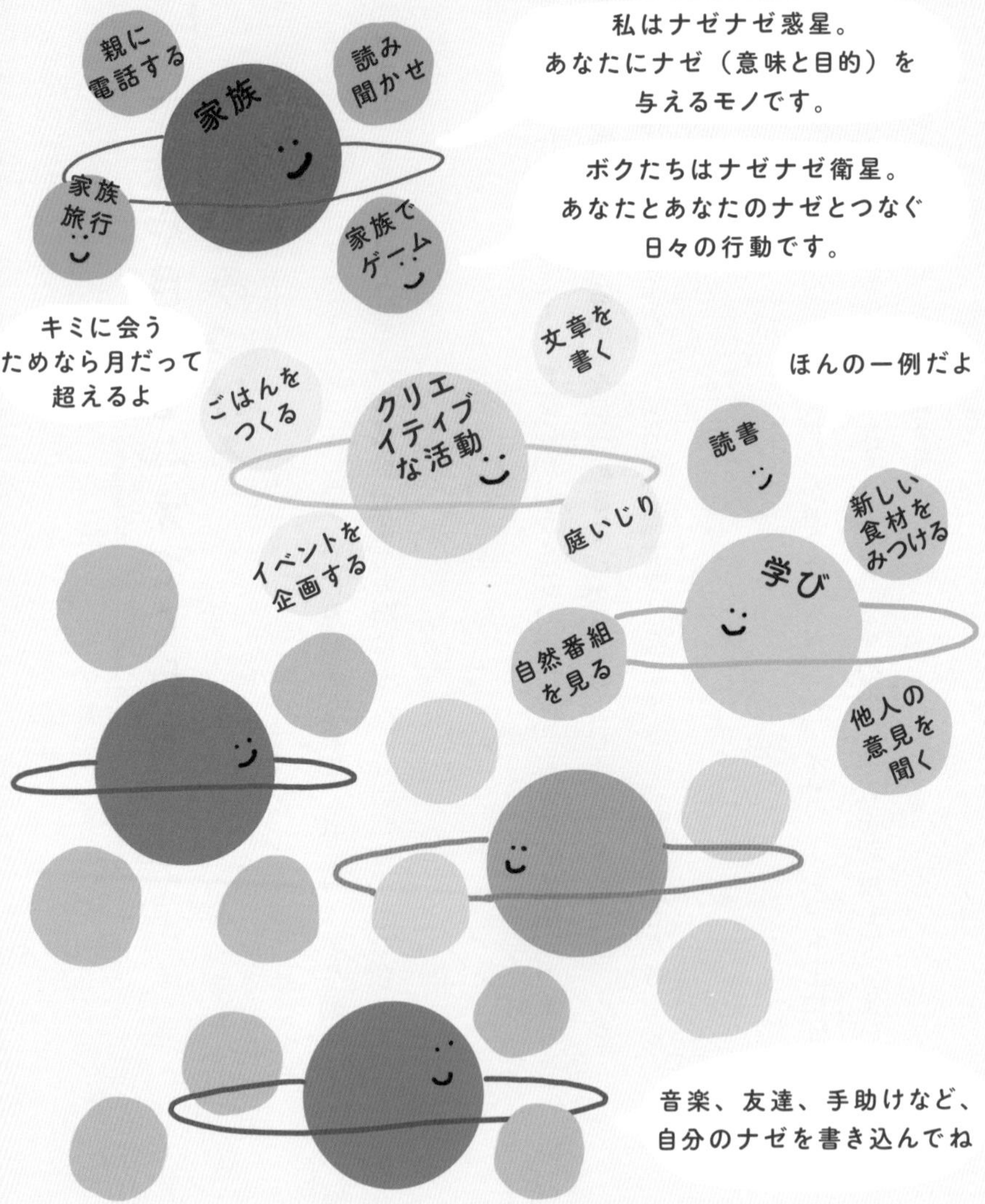
私はナゼナゼ惑星。
あなたにナゼ（意味と目的）を
与えるモノです。
ボクたちはナゼナゼ衛星。
あなたとあなたのナゼとつなぐ
日々の行動です。
親に電話する
読み聞かせ
家族
家族旅行
家族でゲーム
キミに会うためなら月だって超えるよ
文章を書く
ほんの一例だよ
ごはんをつくる
クリエイティブな活動
読書
庭いじり
新しい食材をみつける
イベントを企画する
学び
自然番組を見る
他人の意見を聞く
音楽、友達、手助けなど、
自分のナゼを書き込んでね

また別の方法として、目的を感じさせてくれる活動を洗い出すという方法があります。似た活動ごとにまとめたら、その**日々の活動をつなぐ共通のテーマ**（惑星）がないか考えてみてください。次の質問がヒントになります。

Q 日常的にやっていることを振り返ってみましょう。今日やったことはあなたにとってどんな意味がありますか？　どの活動に意味や目的を感じましたか？　その理由は？

Q あなたをイキイキさせるものは何ですか？　やると元気になる、夢中になれることを挙げてください。そこには共通するテーマがありますか？

Q

どんなつながりがあなたにとって意味のあるものか、考えてみましょう。そのつながりはあなたにとってどんな意味がありますか？

Q

これまでの人生を振り返ったとき、最も意味のあった活動として何が思い浮かぶでしょうか？　その意味に基づいた行動を、1日、1週間あるいは1カ月の中で実践するとしたら、どんなことをすればよいでしょうか？

EXERCISE

2 自分より大きな何かに貢献する

意味を生む重要な要素の1つと考えられているのが、**自分よりも大きな何かのために尽くすこと**です。そうすることで個人の目標を超えた大きな目的を持つことになり、つながりを感じられるし、地域社会に属すること、他者を助けることに伴うあらゆるメリットを得られます。

信仰を持っている人や家庭を持っている人、地域社会に参加している人などは、自然とそういう生活をしていたりします。

ただ、誰もが自然と他者に貢献しているとは限らず、意識的に貢献のしかたを考えないといけないときもあるでしょう。

たとえば、あなたの重視する価値観が自然保護であれば、自然保護団体に参加したり、地元の浜辺でゴミ拾いをしたりできないでしょうか？　親切という価値観を重視するなら、職場で率先して親切なことをしたり、地域社会で何らかの方法で（フードバンクに寄付をするなどして）親切心を発揮したりできませんか？　次の質問をとっかかりにして考えてみてください。

Q 私の重視する価値観は何？　個人の枠を超えて、家庭や地域、社会でその価値観を実践する方法はある？

Q 私はどんなスキルを持っている？　そのスキルを誰かと共有できそう？　どうしたらこのスキルを人のために活かせる？

EXERCISE 3

畏怖を感じる

畏怖は強い感情にもかかわらず、見落とされがちです。畏怖とは感動や驚き、不思議さを覚えることで、**自分を超えた力の存在に気づくことです。**

一般的には、「すぐには理解できない、自分の知識では説明のつかない壮大なものを前にしたときに抱くポジティブな感情」とされています。畏怖を感じると、焦点が自分の内側から外の世界へと移り、自分があまり重要でないような、「ちっぽけ」な存在に思えてきて、自分の暮らしや地域社会、世間とのつながりを強く感じます。

子どもはいたるところに畏怖を見出します。店まで歩くだけでイライラさせられた、あの買い物を思い浮かべてください。5分で着くはずなのに1時間もかかったのは、子どもが葉っぱやら虫やら岩やら泥やらに気を取られたからです。

しかし成長によって物事に対する理解が進むと、畏怖の念は薄れ、自分の内面に対する関心が強まります。

それでも、近年の研究によれば、畏怖の念ははぐくめるし、畏怖の念をはぐくむことは幸せにも健康にもプラスになります。畏怖の念をはぐくむ方法のうち、研究で効果が確認されているものをいくつか紹介しましょう。

畏怖の散歩

初めての場所は畏怖の念を引き起こす可能性が高いので、いつもと少しでも違うルートを歩いてみましょう。

歩いているときは、気の散るものを減らし、スマホをいじらず、**外の世界に集中します。**初めての光景、匂い、音、感覚に注意を払って。意外性に目を向けてください。

いつもの散歩とどこが違いますか？　小さなもの（植物のパーツ、光の織りなすパターン、鳥のさえずり）から、大きなもの（空、風景全体、音）に視点を移してください。それがあなたをどんな気分にさせるかに注目します。考えごとや悩みごとなどの内側の世界に気を取られていると気づいたら、自分を責めずに、深呼吸して、意識を外の世界に戻しましょう。

畏怖の休憩

ストレスを感じたときは、畏怖を感じさせる風景や動画、画像、音などに触れることでポジティブな感情を引き出せます。

スマホに手を伸ばすのではなく、畏怖の休憩を取ることを考えてください。一仕事終わるごとに5分休憩を取るか、1日を通してこまめに2分ほどの時間を取り、**驚きを感じさせるものを見聞きする**のがよいでしょう。

たとえば、「私には夢がある（I have a dream）」という言葉で有名なマーティン・ルーサー・キングのスピーチを聞いたり、自然の映像や感動的なスポーツの偉業を見たりしてはどうでしょうか（私のお気に入りはイギリス初のスキージャンプ五輪代表、エディー・ジ・イーグルです）。参考文献にその他のアイデアも紹介していますので、参考にしてみてください（参考文献324〜3

27ページ参照)。

畏怖を誘う体験

畏怖は身のまわりにあふれています。畏怖を誘う最も一般的な体験は、**自然や他者に関わる体験**です。以下に案を挙げましょう。

・紅葉の始まりなど、自然の変化に注目する。
・子どもがいる人は、子どもの感性や興味を観察し、一緒に畏怖の念を味わう。
・美術館や画廊を訪れて作品をじっくり味わう。
・ぶらぶらしながら写真を撮る。自宅の周辺だけでもいいので歩いてみて、心を動かされたもの、畏怖や不思議さを感じたものを撮影する。
・建物や木、雲、月、星など、外を眺める。

TOOL 7 幸せスイッチをオンにする

良い気分は幸せの基本です。一般的に「良い気分＝ポジティブな感情」と言われているのは、良い気分は心地よいからというだけでなく、体や健康にも良い影響を与えるからです。

喜びや楽しみ、誇り、落ち着きなどのポジティブな感情を抱くと、脳と体の中で連鎖反応が起き、ストレスが抑制される、リラックスする、体が回復する、免疫が活発になるなどして、最終的には心身の働きが向上して長生きにつながります。

というわけで、ポジティブな感情は私たちが生きるうえでものすごく重要です。日頃から心地よい感情を感じることは幸せの基本ですから、幸せのサンドイッチの具としても絶対にはずせません。

それなのに、私たちはポジティブな感情をないがしろにすることが多すぎます。もちろん、四六時中良い気分でいることなどできないし、人生には「楽しいことばかりじゃないけど、やらなくちゃいけないこと」（経済的に困らないように働くなど）もたくさんあります。

でも、良い気分になる活動は、他のどの目的よりも優先的に生活に組み込むべきで、「やることリストが片付いたら」「余裕ができたら」などとあと回しにしてはいけません。良い気分を感じることは**オマケではなく、目的であるべきです。**

今一度、幸せをジャマする壁と神話について振り返りましょう。**私たちは壁や神話のせいで、無意識に「良い気分になってはいけない」と感じてしまうことがあります。**

たとえば、「休憩しちゃいけない」「休憩するなんてたるんでいる」と自分に言い聞かせます。腰を落ち着けてリラックスしたり自分の時間を持ったりすると、「怠けている」「さぼっている」あるいは「自分に甘い」ような気がしてきます。

「ストレスを感じていなければ、一生懸命働いているとは言えない」と考えます。

こうした「良い気分になってはいけない」という信念は知らぬ間に幸せをむしばみます。その信念と、その信念が人生に与える悪影響に立ち向かいましょう。ここに反論の余地はほとんどありません。

自分を良い気分にさせる行動、つまり**ポジティブな感情をつくりだす行動を取ることは心身の健康に重要です。**人間らしく「よく生き」、他者とつながり、心身の力を発揮し、幸せを感じるうえで、良い気分を味わうことは、は二の次にできない、根本的な目的です。「よく生きる」とはどういうことかという問いに対する、1つの答えなのです。

さて、良い気分の重要性、良い気分になる活動を日頃から行うことの重要性に納得できたら、それを日々の生活に組み込みましょう。大きなことに取り組むのも大事ですが、健康と幸せに最も良い影響を与えたければ、**毎日ちょっとずつポジティブな感情を味わう**のがよいでしょう。

EXERCISE

1 ポジティブな感情をはぐくむ

ここでは、例外なくポジティブな感情を生み出すことがわかっている活動、幸せのサンドイッチに取り入れる活動の案を紹介します。

1 動く

体を動かすと、体内では気分の改善につながる連鎖反応が起こります。まず、脳内で快感を促す物質が出ることで、ストレスが軽減されます。すると脳が神経回路を広げて新しい回路をつくれるようになるため、脳の血流が増えて認知力や思考力が上がります。

精神的にも達成感が湧いたり、外出の機会が増えたり、他の人と関わる機会が増えるため、**体を動かすことで幸せに大きく近づく**ことができます。

さらに、**「健康になる」**という長期的な利点も加わりますから、幸福度はぐんぐん伸びていきます。この点については、研究も私に同意します（私も研究に同意します、といったほうが正確ですが）。運動が幸福度を高め、うつ病や不安症状を和らげるという研究結果がたくさん出ているのです。

ということで、体を動かすことは幸せのサンドイッチに必要不可欠な材料です。取り入れ方はいろいろあります。

散歩やダンス、ゴルフ、ローラースケートなど、何でもお好きなものをどうぞ。定期的に机から立ち上がったり、軽い散歩をしたりなど、すきま時間にちょっと体を動かすだけでも、ウェルビーイングの向上が期待できます。

2 緑のスペース＆青のスペース

新型コロナウイルスの大流行から教わったことがあるとしたら、それは間違いなく、「広々とした自然の中（緑のスペース）や水辺（青のスペース）で過ごすひと時には、他にはない魅力がある」ということでしょう。

緑のスペースと青のスペースに身を置くと、ポジティブな気分が増し、ネガティブな気分やストレスが減るという関連が見られます。実証研究によれば、私たちは**緑や青のスペースにいるときに最も幸せを感じます。**

そういうスペースが幸福感をかきたてる理由はいろいろ考えられます。くつろげる環境だから心や体が元気になるということもあるでしょうし、何かと体を動かしたり、人と交流したり、のんびりしたりできるので、幸福感が増すのかもしれません。他にも、「汚染物質や車の騒音が少ない」、「日光をたくさん浴びることで体内にビタミンDが増える」といった要因が挙げられます。

いずれにしろ、自然の中で過ごすという活動を、幸せのサンドイッチの具として日々、継続的に取り入れてみてはどうでしょうか。

3 音楽

音楽を聴いたことのある人であれば誰でも、「音楽は聴くだけじゃなく、心で感じるものだ」と言うでしょう。軽快な歌は気持ちを明るくしてくれるし、悲しいメロディーは憂鬱な気持ちに寄りそってくれます。

音楽は身体的な感覚を生み出し、その感覚が感情を生み出します。音楽を聴くことはそれ自体が脳にとって報酬となります。報酬系が刺激され、次の展開とそれに伴うあらゆる快感を期待するからです。

また、音楽は記憶をかきたてることでも感情をつくりだします。私もパルプの「コモン・ピープル」を聴くときまって、その歌を生で初めて聴いた、あの森の中の音楽祭にいるような気がして、とてもウキウキします。

それに、私たちは歌や歌詞に意味をみつけることで、「こういう気持ちになるのは自分だけじゃないんだ」と納得したり、自分の感情を理解・消化したりできます。

さらに言えば、音楽を聴くときに私たちの取る行動、たとえばドライブしながら熱唱したり、台所仕事をしながら踊ったり、動いたりといった体や脳の使い方によって、やはり気分が改善します。つまり、**音楽は手軽なわりに大きな効果を発揮する具なのです。**

4　遊び、楽しみ、笑う

遊びは子どもの特権ではありません。遊び、楽しみ、笑うことは、大人にも有益で、ストレスの軽減や、くつろぎなどの心地よい感情とも関連しています。健康にも良い影響を与えるとする研究もあるくらいです。

では大人にとっての遊びとは何でしょうか？　ゲームをする、子どもと遊ぶ、仲間内で楽しむ、流行りのダンスを覚える、着ている服や色で遊ぶ、歌う、詩を書く、日常にまぎれたバカげたものやくだらないものをみつける（個人的には〝human hungry hippos〟という遊びがおすすめです。ぜひネットで検索してみてくださいね）――要するに、**あなたが楽しめるもの、笑えるものなら何でもOKです。**

5　休息と休憩

「その調子でがんばれ」「あきらめるな」「今日はどの仕事を片付けた?」――日常にそんな会話があふれているのは、私たちが生産性や成果を自分の価値と結びつけているからでしょう。生産性こそが正義で、立ち止まったり休んだりするのは弱者のすることだ、という風潮があるのです。

幸せを目指すなら、この考え方は問題です。「ずっと動きつづけなければならない」という考え方は、休憩や振り返りの時間、そしてただ「存在する」ための時間を取らないことと同義だからです。

私たちは休みに当てるべきすきま時間に、やることを詰め込みます。そして、必要なエネルギーを絞り出すために、体の動因システムを活性化させ、体にエンジンをかけて行動を起こします。

もちろん、それにより達成感や意味、喜びさえも手に入るかもしれません。でも、エンジンをかけすぎれば体のバランスが崩れてしまいます。

また、体を休めて回復させることなしに長期間動因システムを活性化させ続ければ、**ストレスが生じ、幸せと健康に悪影響が及びます。**

幸せと健康を促進するには、体のバランスを整えなくてはいけません。休むことや、リラックスすること、小休止を、生産的なものととらえてください。というか、実際に生産的なのです。

休息すると、体と脳の「エンジンをかける反応」が停止し、動きが落ち着くことでバランスが整います。さらに「休息と消化のシステム」が作動するため、エネルギーが補給され、体も回復します。実際、**休憩すると生産性が上がる傾向がある**ことが研究で判明しています。

体と脳にとってのいちばんの休憩は**睡眠**です。睡眠は健康、幸せ、ウェルビーイングの基本です。睡眠に問題を抱えているなら、何よりもまずその問題に対処しましょう。とはいえ、休息やリラックスを幸せのサンドイッチの具として日頃から取り入れることは重要です。1日のどこかで、立ち止まり、ペースを落とし、体と心を休ませるための時間を取れないか、考えてみてください。

6 好奇心と学び

イギリスには「好奇心は猫をも殺す」(「過剰な好奇心は身を滅ぼす」の意)ということわざがあります。たしかに好奇心は猫を殺すかもしれませんが、あなたの脳は生き返らせるかもしれません。好奇心を持つと、脳は活発になり、成長します。すでにパターン化された神経回路を使うのではなく、できたての経路を使って、新しい情報を取り込むのです。学べば学ぶほど、脳はすくすくと成長していきます。

また、学びは集中力や意味、達成感のもととなり、誇り、喜び、くつろぎなどのポジティブな感情を生み出します。要するに、**学びは良い気分を味わうのにぴったりの活動**なのです。なにも、試験や講義を受けることだけが学びではありません。日常生活に学びを取り入れましょう。誰かのことを詳しく知る。新たな散歩コースを開拓する。初めての趣味に挑戦する。
好奇心を持つということは、新しい情報を取り入れられるように心の窓を開けておくようなもの。それができるようになれば、きっと脳から感謝されますよ。

7 食べ物と飲み物

食べ物は良くも悪くも、さまざまな感情をつくりだします。しかし、食べ物のそもそもの役割は、私たちの脳と体に必要なエネルギーを供給することです。

ここでは具の1つとして扱いますが、食べ物と飲み物は、他の具を乗せるのに必要なエネルギーとなり下地となりますから、サンドイッチの土台でもあるわけです。脱水状態で空腹な脳が、幸せを感じられるはずがありません。まずは必要なエネルギーを確保してから、食べ物と飲み物によって得られる喜び、休憩時間、人とのつながり、規則正しい生活といった「具」としての利点を取り入れるようにしましょう。

落ち着いて食べる、栄養価の高い食事を取る、食べ方や食べる時間を変えるなど、幸せのために工夫できるポイントはいろいろあります。もちろん、食べ物と飲み物は使い方次第で「ニセの具」になってしまうことも多々あります。ストレス解消のために深酒をするのは、その一例です。

また、幸せをつくるには、食に対する否定的なイメージを正して、ネガティブな感情を減らし、心地よい感情を増やすことも大事です（食との付き合い方についてさらに考えたい方のために、参考文献に情報を載せておきました。324～327ページ参照）。

EXERCISE 2

小さな喜びを計画的に取り入れる

健康と幸せを実現するには、心地よい感情をつくりだす要素を日頃から取り入れることが大事です。次にご紹介するエクササイズは、小さな心地よさを計画するためのものです。１２７ページのイラストをヒントに、心地よい感情をあなたの１日に計画的に取り入れてください。

３つは取り入れることをおすすめしますが、可能ならいくら増やしてもかまいません。心地よい感情を日常に取り入れるのが難しいと思った場合は、何が壁になっているのかをはっきりさせ（68〜69ページのエクササイズが役立ちます）、その壁の乗り越え方を考えましょう。

幸せの種まき

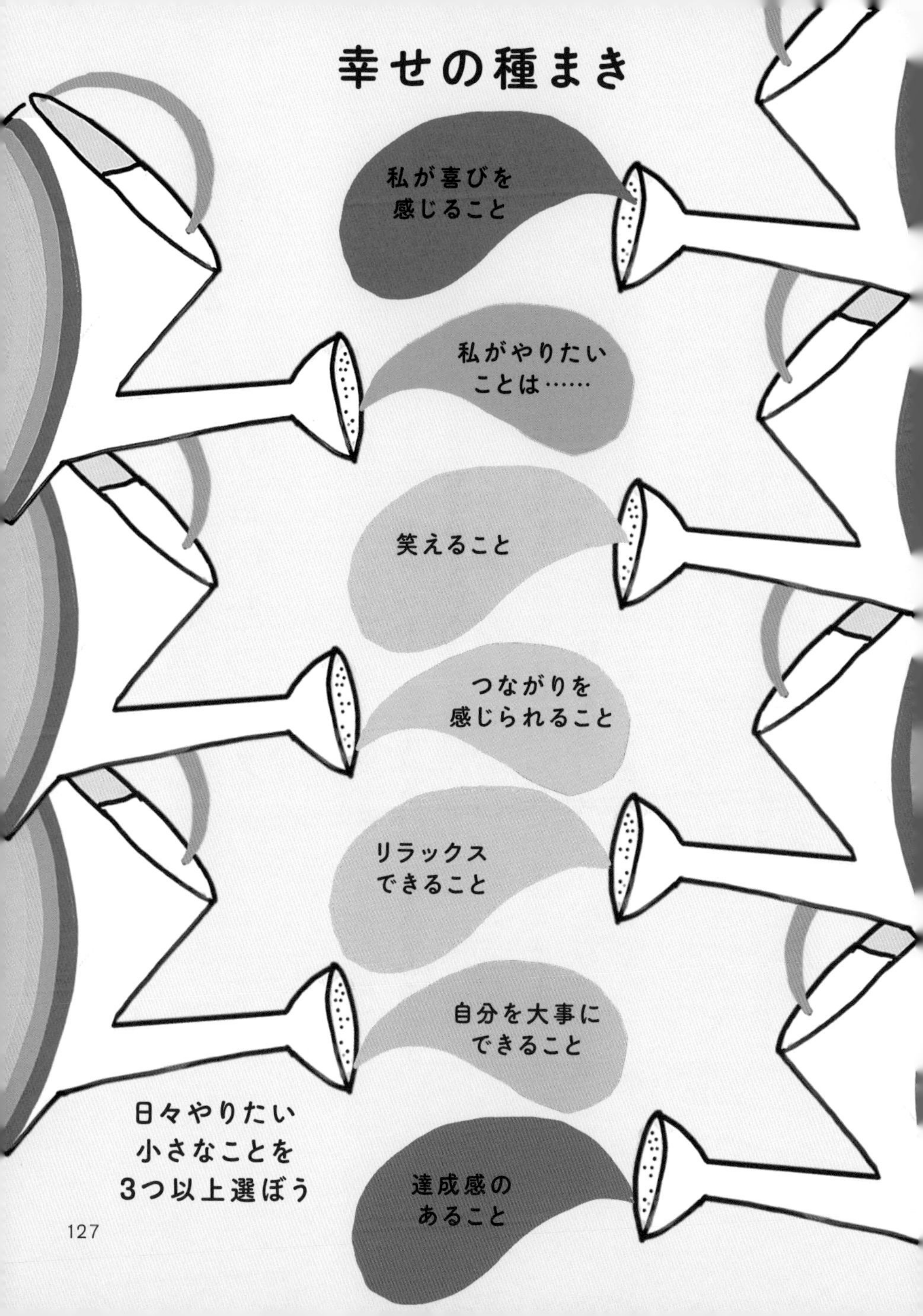
私が喜びを
感じること
私がやりたい
ことは……
笑えること
つながりを
感じられること
リラックス
できること
自分を大事に
できること
達成感の
あること

日々やりたい
小さなことを
3つ以上選ぼう

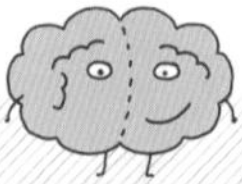

TOOL 8 やっかいな感情に折り合いをつける

すでに学んできたとおり、常に幸せでいることは不可能で、生きていれば誰でもやっかいな感情に見舞われます。つまり、**幸せは、やっかいな感情の乗り越え方、対応のしかたにも左右されるということです。**

感情とは、私たちの気持ちを表す一種の言葉で、私たちの気持ちは基本的に2つの軸によって分類できます。1つは**「快・不快」**、もう1つは**「活性・不活性」**です。これらの気持ちを区別し説明するために使われるのが感情語です。すべての気持ちには役割があります。

たとえば、面接などの重要な場面で恐怖を感じるのは、体のエネルギーを集中させて、どんな事態にもすばやく対応できるようにするためです。喪失体験に悲しみを感じるのは、それを振り返り、消化し、慰めを見出すためです。気持ちと感情は、心地よいものも、そうでないものも、満ちては引いていきます。

私たちが持っている基本的な感情の種類に差はありませんが、**それをいつどの程度感じるかは人によって異なります。**脳は経験に基づいて出来事への反応を予測するからです。たとえば、あなたが人間関係で嫌な思いをしたことがあれば、脳は「人間関係には今後用心するべきだ」と予測するでしょう。

多くの人が一般的に体験するライフイベントであっても、それと紐づく感情はけっして1つではありません。ある人にとっては至福の出来事が、別の人にはひどく怖いものに感じられることだってあるでしょう。1つの状況への反応として、たくさんの感情がありえるのです。

感情は自動的に起こるため、どの感情を発生させるかをコントロールすることは通常できません。でも、みんなコントロールしたがります。恐怖を感じていると気づけばその感情を追い払い、悲しいと感じれば「くよくよするな」と自分に言い聞かせます。この「反応」が重要です。

いつどんな感情を感じるかは必ずしも選べるわけではありませんが、感情への反応のしかたは選べるし、その反応の性質が、ウェルビーイングと幸せの鍵をにぎっているのです。

まずは感情に気づくことから始めましょう。気が進まないかもしれませんが、感情に気づけば感情に折り合いをつけやすくなるようです。**感情と友達になるには、注意力と言語化の両方が必要です。**

最初に、体の状況に注目します。今、感情は体のどこにあり、自分にどんな影響を与えていますか？ 続いて、その感情は何ですか？ **感情は、分類して名前をつけることで理解しやすくなります。**そして具体的な名前をつけるほど、その効果も大きくなります。というのも、研究では、ネガティブな気持ちを細かく区別できる人のほうが、感情の調節能力が高いとされているのです。

さて、感情をみつけて、名づけて、おとなしくさせましたね。そこまでできたら、次は感情をコントロールする段階です。誰だって嫌な気分にはなりたくありませんから、ネガティブな気持ちから逃げたいと思うのはいたって自然なことです。

でも「皮肉過程理論」という説によると、**嫌な感情は、追い払えば余計にぶり返しやすくなる**ようです。研究でも、感情を抑えようとすると生理学的なストレスマーカーが増加することが明らかになっています。逆に言えば、**感情は吐き出すと消化しやすくなります。**

あなたに合った方法で感情を吐き出すことで、脳の感情をつかさどる部位にとらわれずに、感情を別の角度から眺め、その全体像をとらえ脳の他の情報と結びつけることができます。感情を吐き出して消化する方法はさまざまで、**感情と向き合う、感情を語る、書きだす**などがあります。

また、感情への反応のしかたには、感情についてそれぞれが持っている信念も関係してきます。やっかいな感情が発生すると、信念はまるで監督のように私たちの行動や思考を指揮します。信念は、私たちがこれまでに聞いてきたストーリーによってつくられますが、多くの場合、幼少期に聞いたストーリーに特に大きく影響されます。

そして、ある感情を「良い感情」または「悪い感情」だと信じていれば、その感情を抱いた自分に対する評価や、その感情を抱いているという事実の受け入れ方、さらに、その感情が湧いたときの反応のしかたも変わってくるでしょう。

さまざまな研究によれば、感情は長い目で見て受け入れたほうが、心の健康に良いようです。また、やっかいな感情が湧いたときに、「自分にもできることがある」と思えれば（実際あるんです。後ほど説明しますのでお楽しみに）、「自分ではどうしようもない」と信じている場合よりも、気が滅入りません。

次にご紹介するのは、やっかいな感情が湧いたときの対応方法を考えるエクササイズです。

やっかいな感情を認識して、言語化しよう

やっかいな感情を無視すると…？

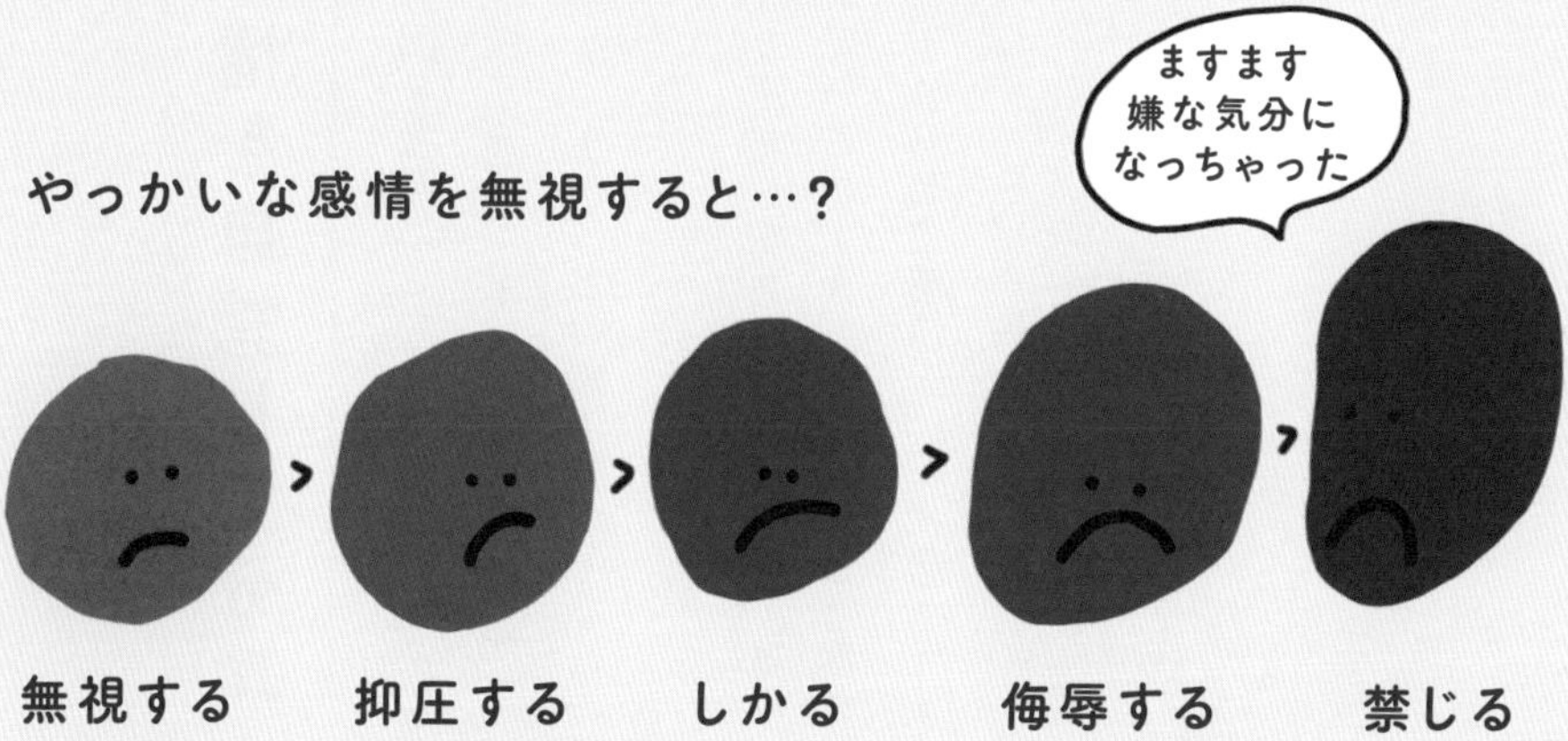
ますます
嫌な気分に
なっちゃった
無視する
抑圧する
しかる
侮辱する
禁じる

やっかいな感情に気づいてあげると…？

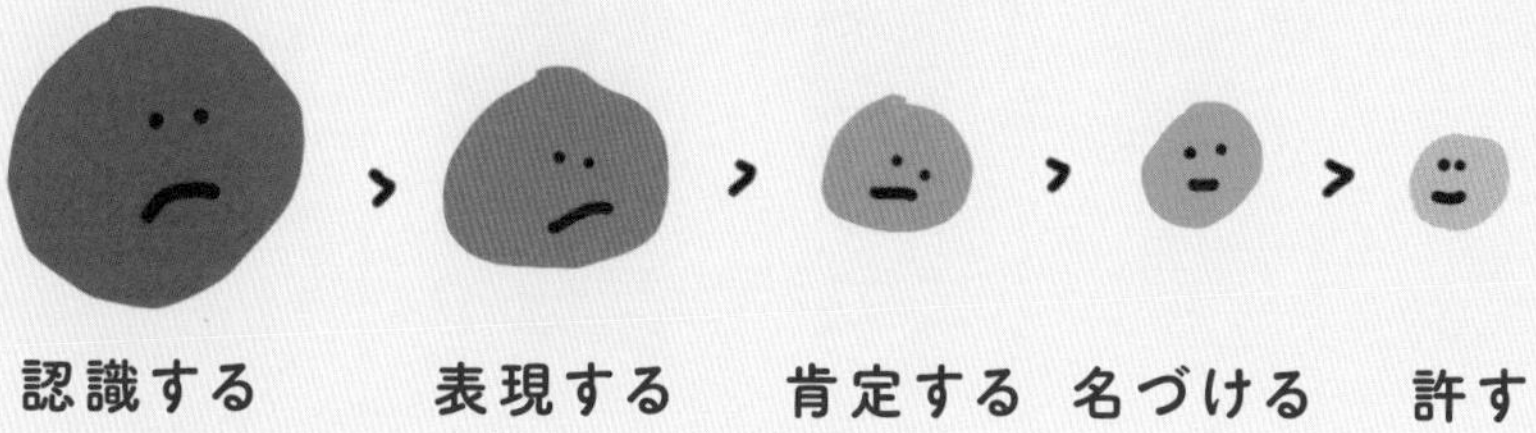
認識する
表現する
肯定する
名づける
許す

EXERCISE 1

感情を自覚して分類する

左ページの図を参考にして今の自分の気持ちに気づきましょう。あなたの気持ちは「活性・快」「活性・不快」「不活性・快」「不活性・不快」のどの分類に当てはまりますか？　また、どの感情語があなたの気持ちを表現していますか？

図に載っている感情語がすべてではないので、他にぴったりの言葉がないか探してみるのもよいでしょう。さまざまな言葉を、いくつ使ってもかまいません。

ＥＸＥＲＣＩＳＥ２で感情を詳細に書きだすので、まずは意識してみることが大事です。

自分の今の気持ちを分類しよう

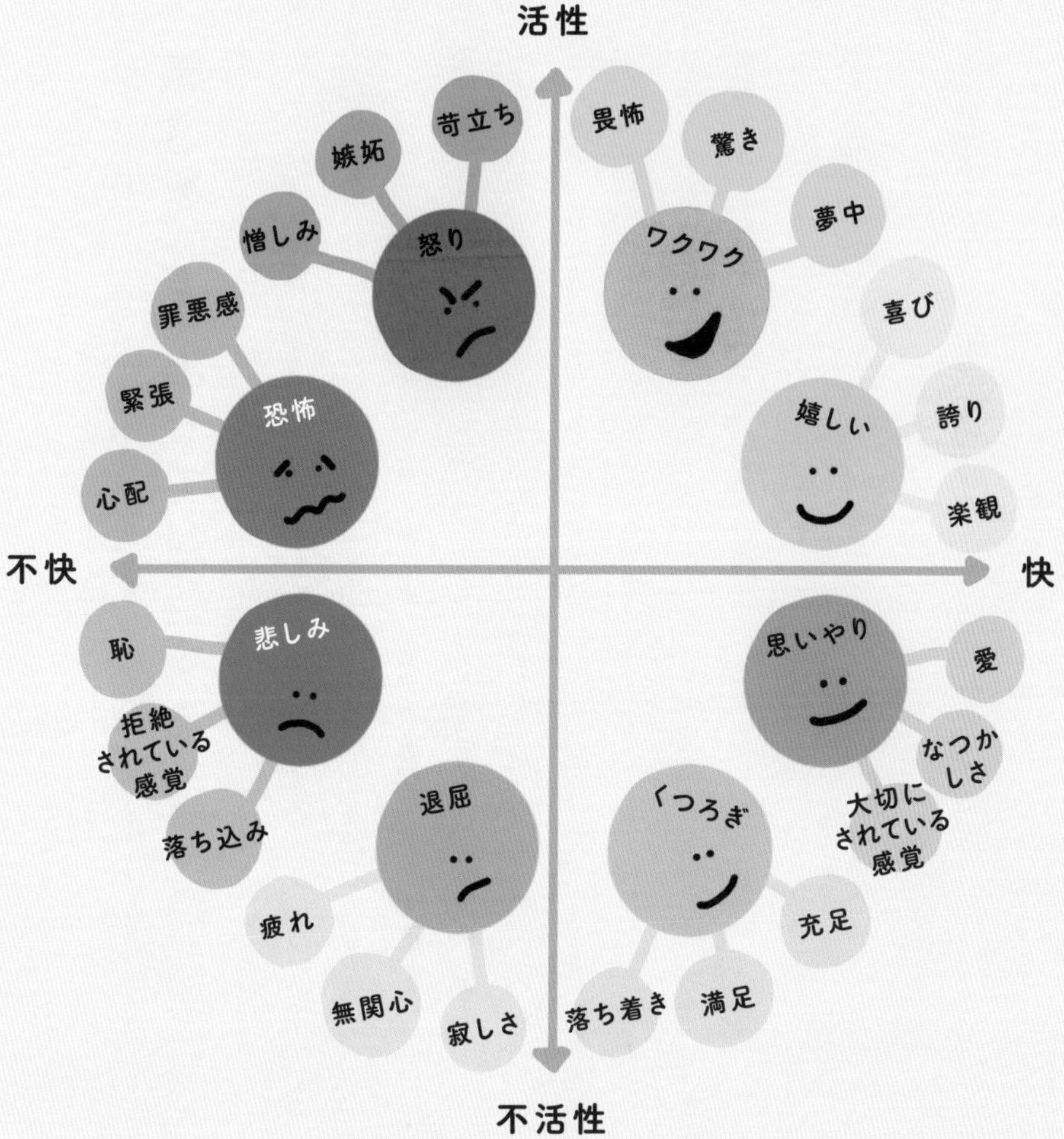
活性
不活性
不快
快
怒り
苛立ち
嫉妬
憎しみ
恐怖
罪悪感
緊張
心配
ワクワク
畏怖
驚き
夢中
嬉しい
喜び
誇り
楽観
悲しみ
恥
拒絶されている感覚
落ち込み
退屈
疲れ
無関心
寂しさ
思いやり
愛
なつかしさ
大切にされている感覚
くつろぎ
充足
満足
落ち着き

EXERCISE 2

感情を吐き出して対処する

感情が発生したときに自分がどんな反応をしているか考えてみましょう。感情を隠す？　抑える？　封印する？　そうする理由は？　長い間封印してきたやっかいな感情を解放するのはなかなか大変ですから、複雑な感情を見つめ直したい場合は、専門家の支援を検討してください。でも、そうなる前に、普段から、感情が湧いたらそれを吐き出して消化する方法を考えましょう。

たとえば、次のような方法を試してみてください。

・気持ちを紙に書きだす
・信用できる人に気持ちを洗いざらい話す
・自分はどう感じたか、また、自分にできることは何か、じっくり考える
・その感情の要因を図にしてみる
・気持ちを絵で表す
・気持ちをストーリー形式でつづる

TOOL 9 幸せをコントロールする

私たちの脳には、毎日うんざりするほどの大量の情報が、ひっきりなしに入ってきます。私たちがその情報をすべて処理しようとすれば、脳はいっぱいいっぱいになってしまうでしょう。だから、そのような事態を防ぐため、脳はショートカットを使って無秩序なデータの中にパターンをみつけ、情報をすばやく処理し、次に来るものを予測しています。

脳がこれを絶えずミクロレベルで行う一方で、あなたもこれと同じことをもっと広い視点から行っていて、今日、明日、来年、そしてそれ以上のスパンで、次の展開を考えています。だからその展開に向けて予定を立て、意味を生み出すことができます。

なぜ私たちはこのような生き方をするのでしょうか？　**人生の「予測できなさ」に抗い、状況をコントロールできていると感じることで、気持ちが楽になるからです。**

どの程度の「コントロール感」を必要とするかは個人によって異なりますが、人間なら誰でも自分の世界をコントロールしようとします。オンラインカレンダーが登場する前は、あることが起きると、私は必ずパニックになっていました。その「あること」とは、手帳をなくすことです。私の脳は手帳のない状況を少しも好まず、その脅威を察知すると「パニックの国」へ一直線でした。

日課、日々の予定、やることリストはどれも私たちにコントロール感を与えます。将来に向けた計画も同じです。私たちは、**何が起きそうかを予測することで、圧倒的な不確実性を実質的にコントロールしているのです。**

新型コロナウイルスの大流行により、私たちはいろいろな意味で「コントロール不能感」を覚えましたが、その一因は、未来の確実性に対する幻想がはがれ落ちたことにあります。私たちには次の展開がまったく読めず、次の展開に備えて計画することもできませんでした。程度の差はあれど、誰もが「こうすればうまくいく」という見通しを待ちたがります。どうなるかわからない状況は不快感のもとなのです。

たとえば、仕事の勝手がわからないと、自分のやり方でうまくいくのか確信が持てず、ストレスを感じます。逆に言えばここまで見てきたとおり、たとえやっかいな感情を抱いたとしてもコントロール感を感じられれば、つまり、その感情を対処できるとわかっていれば、やっかいな感情も許容しやすいため、ストレスも少なくて済むと思われます。

実際、実証研究によれば、**悪いこと**（電気ショックなど）**が起きるとわかっているときのほうが、悪いことが起きるかどうかわからないときよりも、ストレスを感じません。**

なぜこのように不確実性がストレスになるかというと、次の展開を予測しにくいと感じるからで、どうなるかわからない部分を心配事や不正確な情報で埋めがちだからです。

結局、**不確実性は脳にとって負担が大きい**のです。普段のようにショートカットを使って、情報をすばやく処理したり迅速に決定を下したりすることができないのですから、無理もありません。

コントロール感を求めることは安心感や自信につながることもありますが、すべての物事がそうであるように、一歩間違えれば裏目に出ることもあります。

第一に、コントロールすることにこだわり、コントロールできることが自分の価値だと錯覚していると、**何かがほんの少し思い通りにならなかっただけで自信をなくしかねません。**これは特に、子どもを持ったときによく起こる現象です。たとえば出産時などに、実際以上に状況をコントロールできるはずだと思い、非現実的な期待をしてしまうと、実際計画どおりに事が運ばなかったときに（計画どおりにいかないことが多いのです）、自信を失ってしまう可能性があります。

第二に、感情を抑えることで感情をコントロールしようとすれば、余計に苦しくなってしまうことがあります。

第三に、きちんと向き合えば幸福感が増すような状況でも、未知の状況だからという理由で、コントロール不能に思える状況を避けてしまうかもしれません。自分の視点にとらわれてコントロール不能感を避けていると、学びを逃し、有益でない信念から抜け出す機会を逃すことにもなるのです。

コントロール不能だと感じるような逆境に見舞われれば、気分が落ち込むこともあるでしょう。**非常にたくさんのストレス要因を抱えている状態で、コントロール不能、つまり「その状況に対してできることが何もない」と感じることは、ストレスになるからです。**大きな試練にぶつかったときは、これまでに積み上げてきた判断基準や自分にとっての常識では理解できないことが多く、どう対応してよいかわからなくなるものです。その結果、今までの信念体系が崩れ、知っていると思っていたことも、自分が何者かさえも、まったく確信できなくなってしまうことさえあるのです。

感染症の世界的大流行を生き抜くときのように、不確実性とともに生きることは、脳にとってストレスとなります。なぜなら、脳は資源やエネルギーを投じて、情報を解釈し、解決策をみつけようとしますが、解決策などない場合が多いのです。

今からご紹介するエクササイズには2つのねらいがあります。1つは、状況が手に負えないときに**コントロール感を高める**こと。もう1つは、**不確実な感覚に耐えられるようになる**ことです。

EXERCISE 1 日課を取り入れる

先が読める安心感とコントロール感を脳に与えてやるには、生活にある程度日課を取り入れるのが有効です。日課は自動的に発生するもので、いちいち考えなくてもできますから、脳にあまり負担がかかりません。

生活をどの程度スケジュール化するかは個人の好みによるでしょうが、ある程度固定化することをおすすめしたい活動がいくつかあります。

・寝る前の日課は、脳に「スイッチを切る時間だよ」と知らせるのにとても効果的で、寝つきを良くします。

・仕事終わりの日課もおすすめです。たとえば、翌日やるべきことを書きだしたり、仕事と家庭で頭を切り替える手段（散歩など）をつくったりするとよいでしょう。

・今後の予定を立てると、認知の負荷とストレスを減らせます。私は手帳で予定を管理するのが好きですが、今後の予定を立てられるならどんな方法でもかまいません。楽しいことを予定に入れておけば、報酬を予想して気分も良くなります。

・自分の生活にはどんな日課を取り入れるのが効果的か考えてください。どの日課なら楽しめそうですか？

EXERCISE

2 認知的柔軟性を高める

新しい出来事や変化は、人生において例外ではなく、むしろ標準です。だから、予想外の状況にうまく対処し、必要に応じて適応できたほうが、ウェルビーイングを健やかに保てます。

自分の考えに固執せず、計画どおりに事が運ばなかったときに考えを改める能力は、**「心理的柔軟性」または「認知的柔軟性」**とも呼ばれます。認知的柔軟性があるということは、あらゆる問題や状況にはいくつもの解決策や対応方法があると認識していることでもあります。変わり続ける環境に適応できるようにするには、この柔軟性が大事です。

でも皮肉なことに、柔軟性は不安感につながります。自分に見える範囲から一歩踏み出すことは、不確かな感覚が増すことを意味するからです。だから私たちは、あえて1つの考え方にとらわれ、1つの解決策しか見ようとせず、結果的に非現実的な期待を抱いてウェルビーイングを悪化させてしまうことがあるのです。

状況に対して複数の方向性や結果に目を向ければ、そのときは心もとなさを感じても、長い目で見れば幸せに近づきます。ここでは柔軟性を高めるヒントをご紹介します。

・状況や問題を**別の視点からとらえる方法がないか**考えてみましょう。同じ状況になったら、他の人たちならどう考えるでしょうか？

・仕事に限らず、解決に取り組んでいる課題、行き詰まっている作業に対して、さまざまな視点や意見を求めましょう。

・自分と違う意見を切り捨てずに、その人がそう思う理由、そう主張する理由に耳を傾け、詳しく尋ねてみてください（相手の意見に納得できなくてもかまいません）。

・思ったとおりに事が運ばなかった場合、計画していた対応にこだわるのではなく、いったん立ち止まり、新たな情報も踏まえて、次に取れる選択肢を考え直してください。

・「答えや解決策を出さなくては」と思い詰めずに、正直に「わかりません」と言いましょう。

EXERCISE

3 先が見えない不安に耐える——心配事の木

不確実な状況はたいてい脅威のように感じられるため、脳は確実性をつくりだすために、未知を解消し、理解しようとします。この脳の性質により、私たちはときに**未知の空白を良くない方法で埋めてしまいます。**

最悪のシナリオを予測したり、ありもしない場所に確実性を求めてインターネットで答えを探したり、ひたすら情報を集めたり（新型コロナウイルスの大流行中はニュースばかり見ていましたよね？）、安心を求めたりするのです。そういうことをすれば一時的には安心できるかもしれませんが、不確実な状況そのものに向き合っているわけではないため、結局は不安がつのることになりかねません。

不確実な状況への対処方法を決めるには思考の切り分けが有効なので、今からそのためのエクササイズを紹介します。

148ページの「心配事の木」のイラストを見てください。矢印に従って木を登り、心配事を特定し、それに対処するアイデアをみつけましょう。

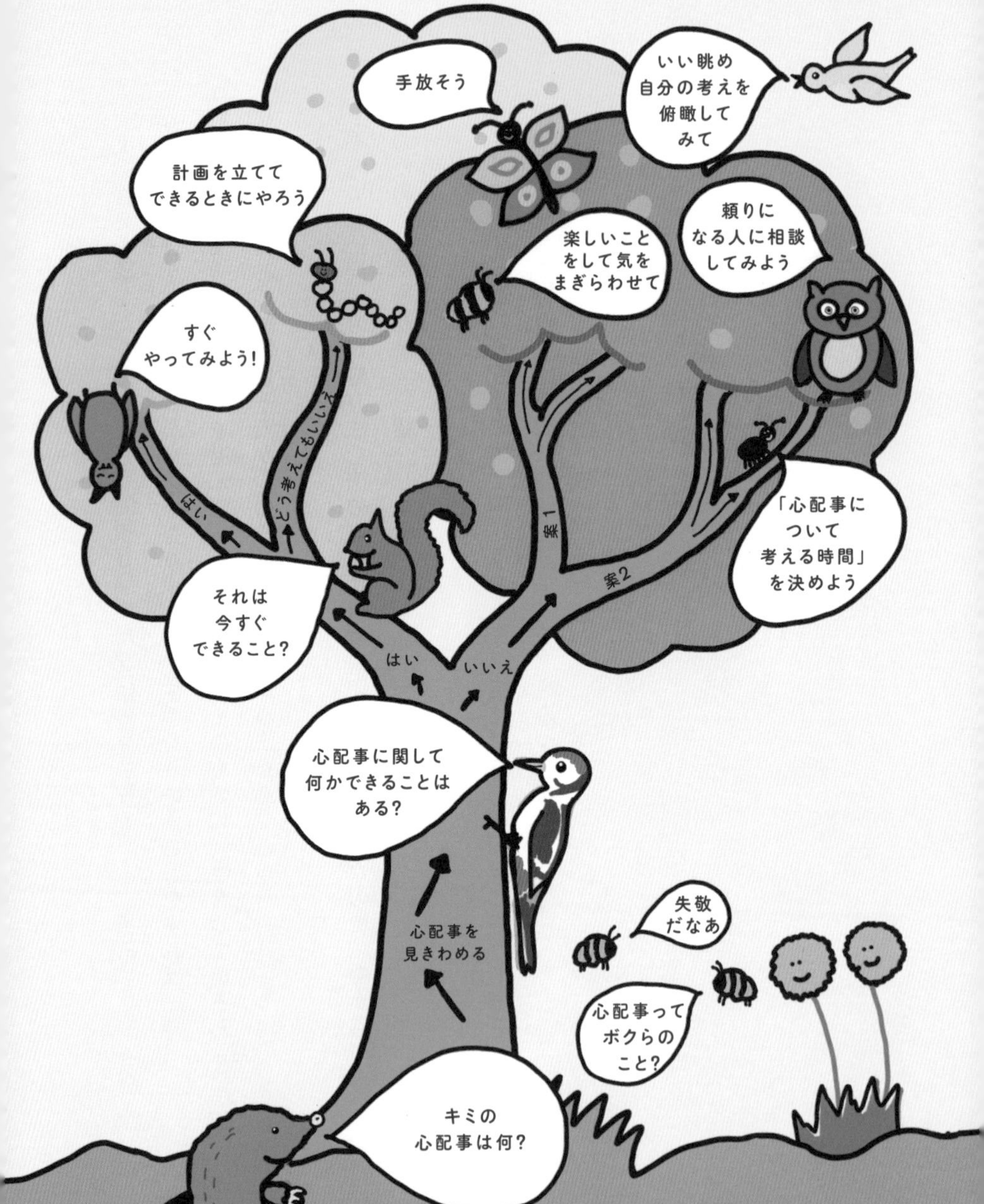
キミの
心配事は何?
心配事を
見きわめる
心配事に関して
何かできることは
ある?
はい
いいえ
それは
今すぐ
できること?
はい
すぐ
やってみよう!
どう考えてもいいえ
計画を立てて
できるときにやろう
手放そう
案1
楽しいことをして気をまぎらわせて
案2
「心配事について考える時間」を決めよう
頼りになる人に相談してみよう
いい眺め
自分の考えを
俯瞰して
みて
心配事って
ボクらの
こと?
失敬
だなあ

EXERCISE 4 コントロールできることに集中する

はっきり言って、どんなに順風満帆なときでも、人生には自力ではコントロールできないことがたくさんあります。ですから自分の境遇をいつもコントロールできるとは限りませんが、**自分の力が及ぶ重要なことに専念することは、間違いなく可能です。**

150ページのイラストを参考に、自分のコントロール圏にあるものとないものを切り分けてみてください。

自分の持っている注意力や能力、手段は、コントロール圏の課題を解決するために使い、その他の心配事については、折り合いをつける別の方法をみつけましょう（EXERCISE3の「心配事の木」を参照）。

ここに焦点を当てると、ストレス、不確かな感覚、
コントロール不能な感覚に苛まれる

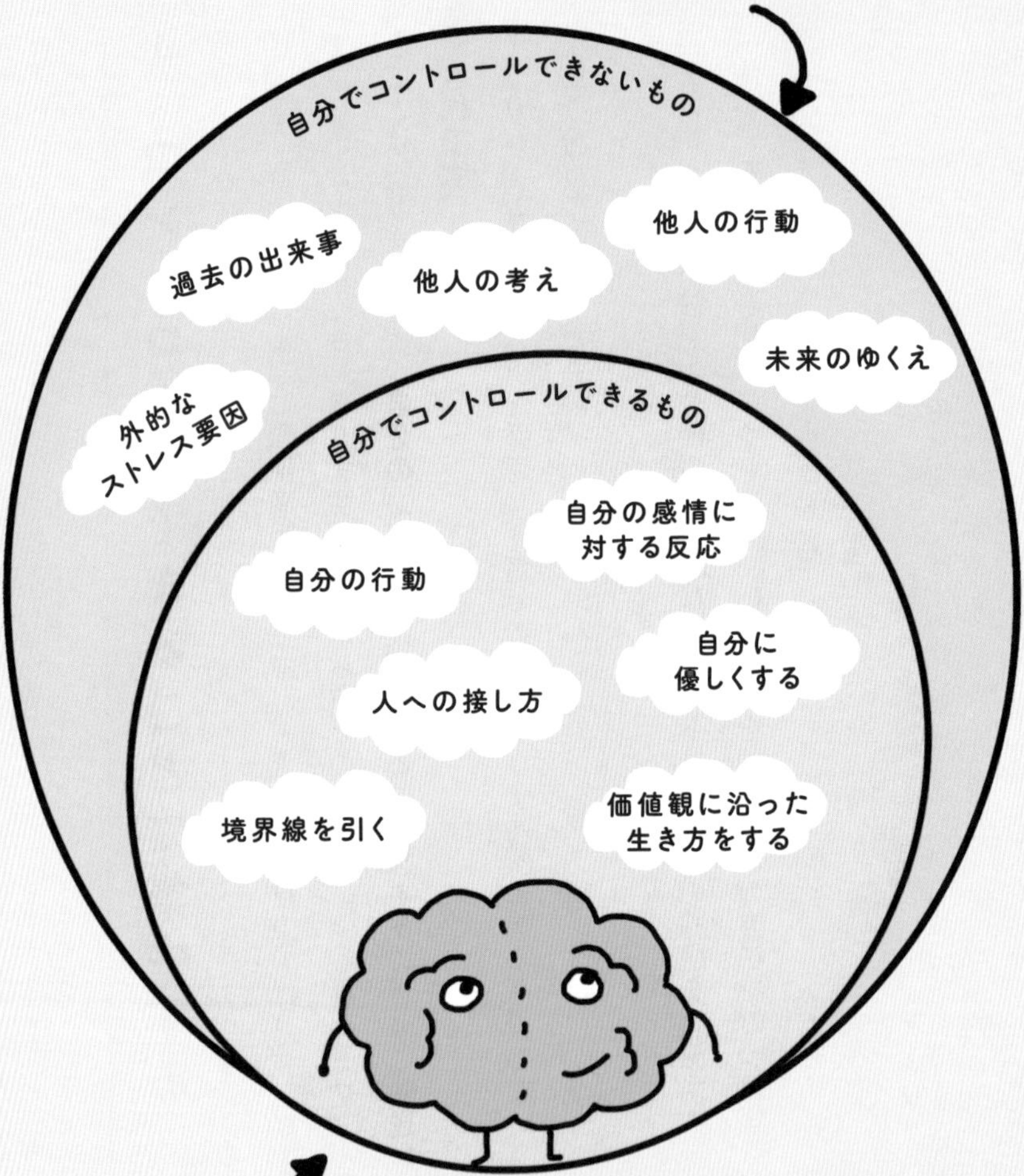
自分でコントロールできないもの
過去の出来事
他人の考え
他人の行動
未来のゆくえ
外的なストレス要因
自分でコントロールできるもの
自分の感情に対する反応
自分の行動
自分に優しくする
人への接し方
境界線を引く
価値観に沿った生き方をする

ここに焦点を当てると、やるべきことが見えてきて、
問題を解決しやすくなり、自分で状況を
コントロールできると感じられる

第3章 幸せ感度を高める

第2章では、私たちを幸せにするもの、つまり幸せのサンドイッチの具について見てきましたが、この章では幸せのサンドイッチに影響を与える他の要素について考えましょう。

1つ目は、私たちの信念と、信念から生まれる思考です。なぜそれが幸せに関係するかというと、信念はサンドイッチの材料を選ぶ指針となり、私たちの行動に影響を与えるのはもちろん、私たちの気分も直接左右するからです。

さらに、2つ目の要素として、注意にも目を向けましょう。人の注意力は有限なので、注意をどこに向けるかによって、何を意識するか、ひいては何を幸せのサンドイッチに入れるかが決まります。ただ、脳のおもむくままに注意を向ければ幸せになれるかというと、そうとは限りません。

この2つの要素、信念と注意は密接に関連しています。脳は、知っている（と思う）ことに注意を引かれる傾向があり、私たちを環境のどの部分に注目させるか決める際、信念を1つの判断材料にしているからです。

ここからは、信念と注意が私たちに不利に働くのはどんなときか、信念と注意が幸せの邪魔ではなく助けになるようにするにはどうしたらよいかを考えます。

20ページの幸せのサンドイッチのテンプレートを使って、幸せをはぐくむために注意をどこに向けどんな信念を持ちたいか考え、そのアイデアを記入していくとよいでしょう。

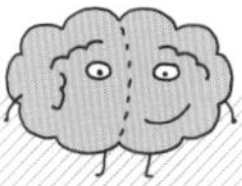

TOOL 10 幸せを感じやすい信念を持つ

「見えるから信じる」ということわざがありますが、**あなたの脳に言わせれば「信じるから見える」のです。**脳は信念体系（個々の信念からなる物事の評価基準）を持っていて、それに従って世界を組み立て、理解し、予測します。こうして脳がつくったストーリーを前提に、人生は展開していきます。

脳がつくるストーリーのもととなるのは、経験から得た知識、言いかえれば**脳が「知っていると思っていること（信念）」です。**これがときに問題を招きます。なぜなら、知っていると思っていることがあると、人はその信念の裏付けを無意識にみつけようとするからです。

たとえば、もし私が「私はどうしようもない臨床心理士だ」と信じていれば、それを裏付ける情報が逐一入ってくるでしょう。「脳は大量の情報をすばやく処理する名人」だとお話したのを覚えていますか？　たしかにそれはすばらしいことですが、それを可能にしている脳のショートカットの鍵は、その人の信念にあるのです。

例として、２１１個のことはうまくいったのに、１個だけうまくいかなかった日があったとしましょう。この場合、脳は目に留まった１つの失敗にとらわれて、「なんて散々な日だ！　何一つまともにできなかったじゃないか！」と考えます。

実際は、１つの失敗なんてたいしたことではありません。他にたくさんのことをうまくやったのだから、本来なら「十分よくやった」ことを示す情報が大量にあるわけです。ちっとも「散々な日」なんかではないのに、脳はいったい何を勘違いしているのでしょうか？

何かを信じていると、脳はその裏付けとなる情報にねらいを定め、次々と入ってくる情報の海からねらいの情報を探しだします。これは**「確証バイアス」**という脳のショートカットです。

私が気に入っている心理学の研究を1つ紹介しましょう。その研究では、異なる見解を持つ2つの集団に、中立的な論文を読んでもらいました。すると、両方の集団が「その論文は自分たちの見解を裏付けている」と考えました。その人たちの注意の向け方によって、自分の信念の裏付けとなりそうな情報だけが照らし出されたからです。

このような脳のショートカットのおかげで状況をすばやく理解できるときがあるのも事実です。しかし、信念のパターンが根深く、害になるようなものの場合などは、脳のショートカットはあまり良い結果を招きません。

たとえば、脳のショートカットのもととなる信念がネガティブなものだった場合、脳は悪い冗談のようなふるまいを見せます。何が悪い冗談かって？　考えてもみてください。確証バイアスとネガティブバイアスを掛け合わせるとどうなるでしょう？

長年の臨床経験から答えさせてもらうと、**脳は一瞬でネガティブ思考の忍者に成り代わり、多くの場合何の裏付けもないところに、ありとあらゆるネガティブ**

な裏付けを探しだします。

私たちはさまざまなものについて信念を持っています。無生物に対するたわいもない信念（私は30歳になるまでバナナは冷凍できないと信じていました。ゴミ箱行きになった歴代の茶色いバナナのことを思い出すと、もったいないことをしたなあと今でも思います）。それから、認めたくもないような信念——研究によって次々と明らかになっているとおり、私たちには人種差別、性差別などの多くの差別のもととなる暗黙のバイアスが備わっています。そして言うまでもなく、幸せについての信念もあります（第1章を読んだことで、そこで紹介した非現実的な信念が現実的なものになっていますように）。

でも個々の信念から目を広げて、信念の本質に注目してみましょう。心理学では信念体系を**「構成概念」**ととらえる傾向があります。構成概念は、私たちが体験したことを理解するための枠組みであり仮説です。構成概念は自分自身に関する仮説、他人に関する仮説、そして社会全般に関する仮説の3つに分けることができます。

こうした信念体系はどのようにつくられるのでしょうか？　もととなるのは脳に入ってきた情報です。特に、構成概念や脳の発達過程で入ってきた情報は、大きな影響力を持っているようです。

幼少期の愛着や経験は脳そのものや信念体系の形成に大きな役割を果たしています。脳や信念は固定的なものではなく、幼少期を過ぎても変化しますが、脳内に存在する仮説を変えるのは簡単なことではありません。**特に、根強い仮説や、ネガティブな仮説は変えるのが難しいのです。**

臨床的な観点から言えば、つらい経験や困難な経験をしてきた場合、その経験が信念体系に与えている影響を認識して信念体系をつくり直すには、たいてい助けが必要です。

そして、信念体系を変えられたとしても、脳が最も楽で強力なショートカットを使わずにいられない状況では（たとえばストレスがかかったときなど）、**あっさり昔の信念体系に戻ってしまうことが多いのです。**

今から紹介するエクササイズをやったからといって、脳にひそかに組み込まれた信念体系をすべてリセットできるとは言いませんが、自分の信念体系や、信念体系が送ってくるメッセージに気づけるようにはなります。

そうすれば、その妥当性を問い直し、その信念が当てはまらない例をみつけて、新しい信念をつくりだすことができるのです。

EXERCISE 1 自分についてのストーリーを書き換える

自己肯定感について話すとき、私たちは実は、自分自身に関する信念と、それが自分の行動に与える影響について話しています。そして幸せは、健全な自己肯定感、つまり**「自分は他の人と同等に価値がある人間だ」という信念**と関係しています。

このエクササイズでは、そのような「自分は〜な人間だ」という信念をチェックして、今の自分に当てはまらない信念があれば修正しましょう。

ただし、自分について強いネガティブな信念を持っている場合は注意が必要です。このエクササイズを使って、長年封印してきた記憶や思いを解放しようとするのはやめてください。そういうことは基本的に、カウンセリングなどの安全な場で、じっくりと進めたほうがよいでしょう。

ステップ1　ストーリーに縛られている自分に気づく

信念は世界の1つのとらえ方、言いかえれば、**「自分は何者か」「何ができ、何ができないか」「世間でどんな立ち位置にいるか」を自分自身に語り聞かせたストーリーにすぎません。**でも1つのストーリーに閉じこもってしまうと、幸せを邪魔する限られたパターンの信念や対応から抜け出せなくなる可能性があります。

たとえば、「私は～をするタイプの人間じゃない」「この年齢で新しいことに挑戦するのは無理がある」と自分に言い聞かせていると、楽しめたはずの可能性を自ら閉ざしてしまうかもしれません。でも、そういう**有効期限切れのストーリーは突きとめられます。**手始めに、次の「〜」に当てはまる言葉を書いてみてください。

私は自分が〜と信じています。

・「〜」にネガティブな言葉が入りましたか？　もしそうなら、他人にそのレッテルを貼ったことはありますか？　客観的に見て、その言葉はあなたという人間を説明するのにふさわしいですか？

・それは昔言われた言葉ですか？　本当にその言葉を信じていますか？　それとも、脳に刻み込まれているだけで、その信念は今となっては無効ですか？

・そのネガティブな信念が正しいと言えるような具体例はありますか？　逆にその信念と矛盾するような具体例を思いつきますか？

・あなたのことをよく知っている人にその信念を話したら、どんな言葉が返ってくると思いますか？　正直に答えてみてください。

ステップ2　そのネガティブな信念はあなたの行動にどう影響している？

たとえば、自分は無能だと信じていると、体面を保って自分の「ダメっぷり」を隠すために、残業するかもしれません。こういう信念が何らかのかたちで行動に影響していないか考えてみましょう。

ステップ3　ストーリーを書き換える

客観的かつ論理的に考えてみると、そのストーリーはどう見えますか？自分はどんな人間だと説明できますか？　勇気があれば、信頼できる相手、あなたが素直に耳を傾けられる相手に、「私ってどんな人？」と尋ねてみましょう。ただし、尋ねるのは安心できる相手だけにしてくださいね。ストーリーを書き換えるうえで大事なことは、自分を手放しに褒めたたえることではありません。「自分も人並みに善良だし、価値があるし、過ちを犯すし、尊いし、完璧ではないし、重要な存在だ」という事実を、しっかりと認識することです。そのうえで、ネガティブな信念が浮かんだときにどう対応するのが正解か、考えてください。

たとえばこう言ってみてはどうでしょう。

「私は無能だと自分に言い聞かせているけど、それって古い信念体系をもとにした単なる感想で、古い信念体系から生まれた単なる自作のストーリーだよね」。

そして、新しい信念を自分に言い聞かせてください。「私は間違いを犯す人間だ。だからといって、私が無能だということにはならない」のように。左ページのイラストを使って、古い信念と、今後の指針となる新しい信念を確認しましょう。

自分のストーリーを書き換えよう

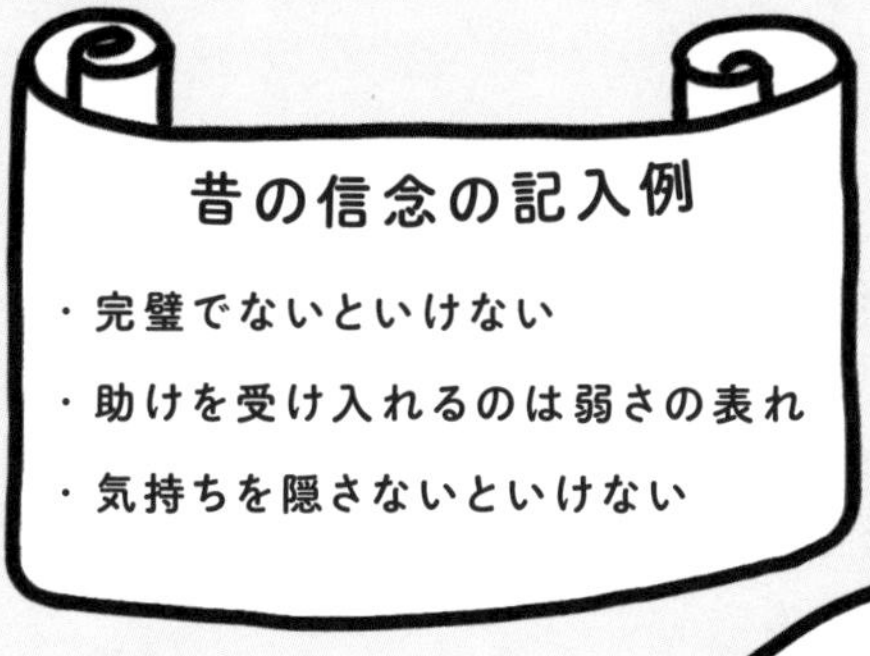
昔の信念の記入例
・完璧でないといけない
・助けを受け入れるのは弱さの表れ
・気持ちを隠さないといけない

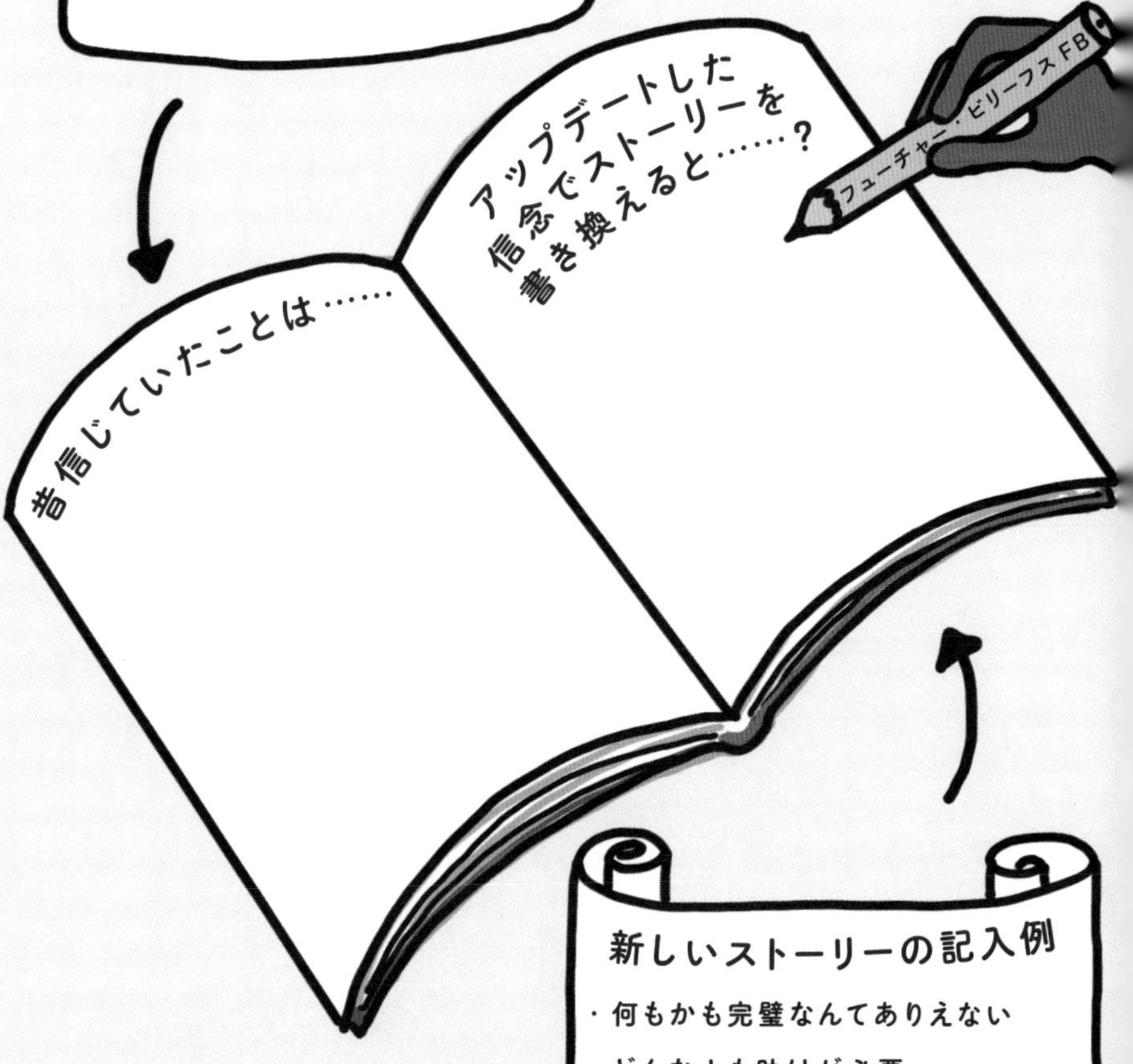
昔信じていたことは……
アップデートした信念でストーリーを書き換えると……？
フューチャー・ビリーフス FB
新しいストーリーの記入例
・何もかも完璧なんてありえない
・どんな人も助けが必要
・気持ちを分かち合えば心が軽くなる

EXERCISE 2

成功についての信念を見直す

成功についての信念は、行動を起こす原動力になると同時に、幸せになる方法を見誤る一因ともなります。というのも、成功についての信念はえてして社会の声に動かされた信念であって、自分にとっての成功の定義から生まれた信念ではないからです。

166ページの図を参考に、社会から植え付けられた信念を見直し、自分基準の新しい成功の指標を考え、左ページの吹き出しの中に書き込みましょう。

ふと気づけば「友達ほどいい給料をもらっていないということは、私はデキが悪いんだ」のような従来の成功指標にふりまわされていませんか？

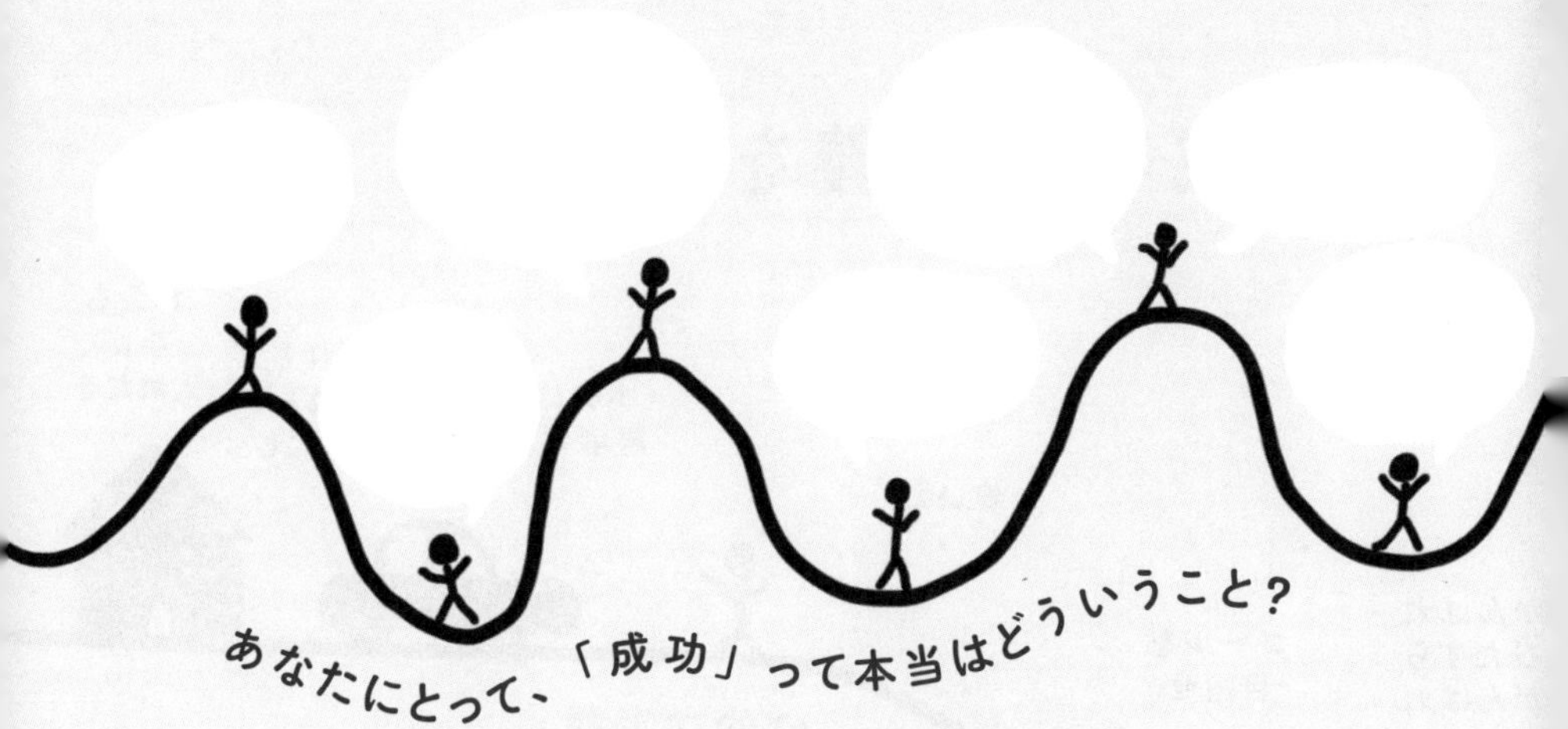
あなたにとって、「成功」って本当はどういうこと？

吹き出しに新しい成功の指標を記入しよう

そんな時は、代わりに「心の健康を整えたり、楽しいことをしたり、大事な人と一緒に過ごしたりする時間をつくれた。大成功だ！」のように、**新しい指標を使って考えてみてください。**

成功の定義を見直そう

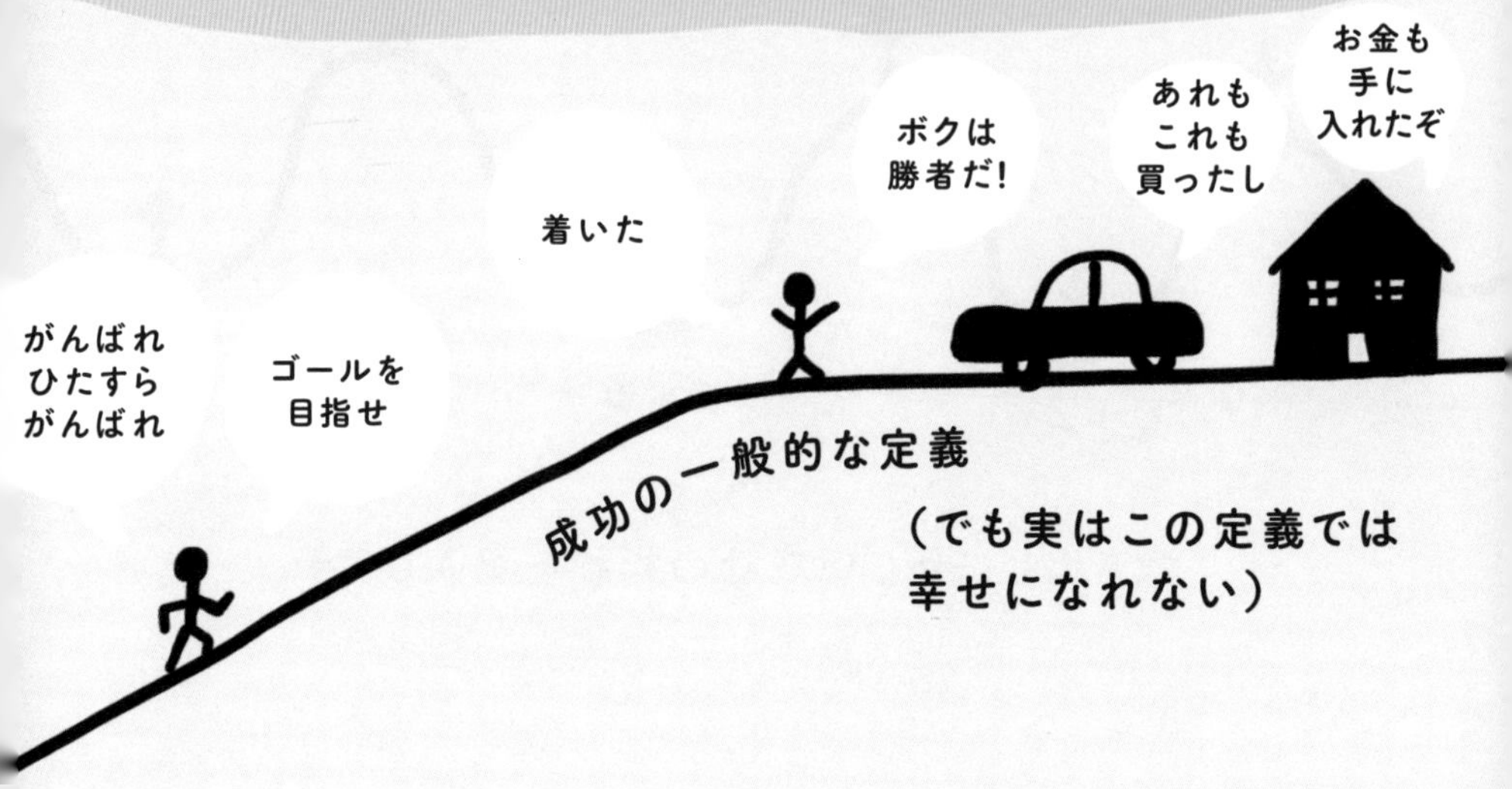

がんばれ
ひたすら
がんばれ
ゴールを
目指せ
着いた
ボクは
勝者だ！
あれも
これも
買ったし
お金も
手に
入れたぞ
成功の一般的な定義
（でも実はこの定義では
幸せになれない）

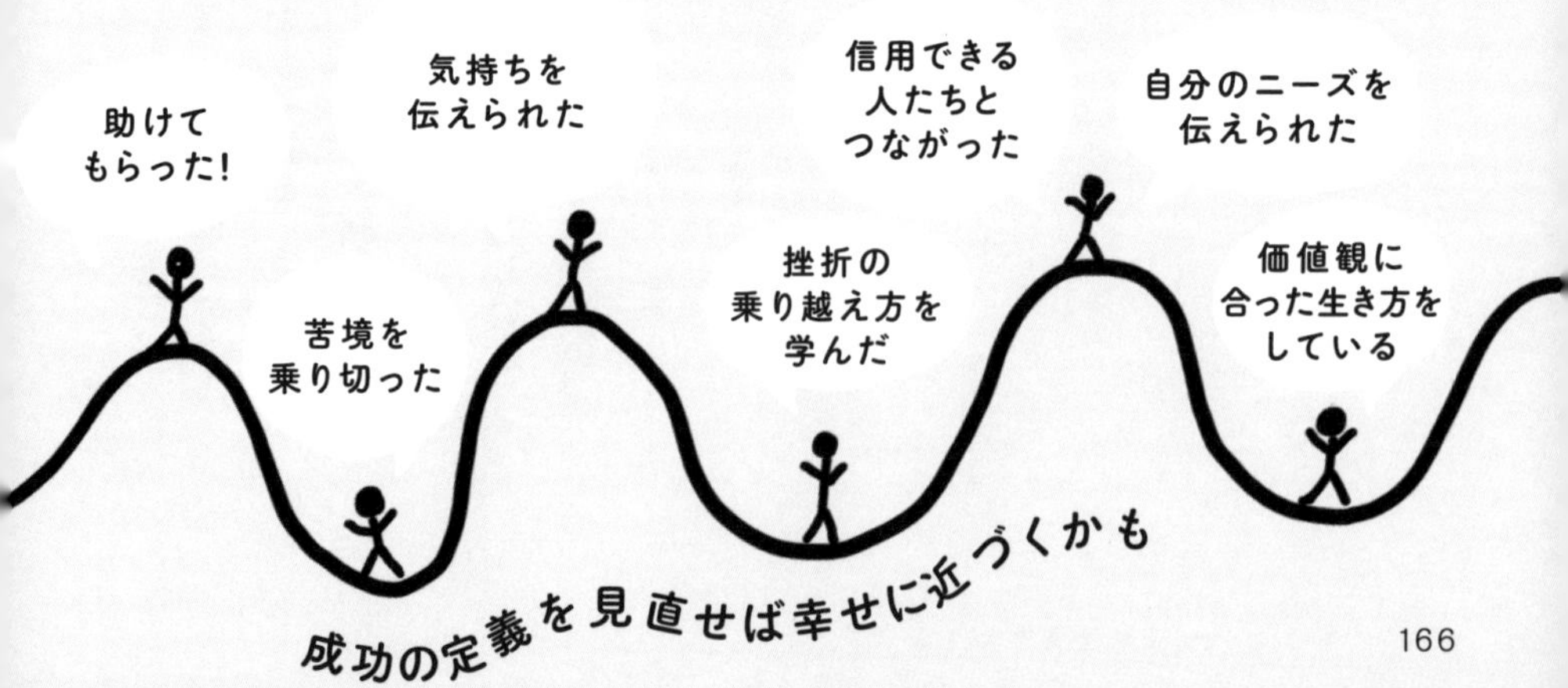

助けて
もらった！
苦境を
乗り切った
気持ちを
伝えられた
挫折の
乗り越え方を
学んだ
信用できる
人たちと
つながった
自分のニーズを
伝えられた
価値観に
合った生き方を
している
成功の定義を見直せば幸せに近づくかも

TOOL 11 自分を思いやる

脳にひそむ忍者の話を覚えていますか？　ネガティブな信念に合う情報を1つ残らず探し当てる、あの忍者の話です。もし思い切って忍者とおしゃべりしてみたら、その忍者がネガティブ思考の批判屋であることに気づくでしょう。忍者は事実を話しているつもりですが、実際は、とんでもない言いがかりをつけているだけです。

この批判好きなネガティブ思考の忍者は、ほぼすべての人の中に存在し、脳の奥深くから、その人の性格や行動を激しく非難してきます。脳のネガティブバイアスも相まって、忍者の批判は、あなたの思考や体のストレス反応、感情、行動、そして世界との関わり方に影響を与えます。

とはいえ、忍者を徹底的に無視しろと言うつもりはありません。そんなことをすれば忍者は怒って余計に反撃してくるでしょうし、忍者を敵に回したくなんかありませんよね？　それなら、思いやりと優しさと理解を示すことで、忍者をなだめて視点を変えさせるのはどうでしょうか。やっかいな思考、感情や信念にうまく対応したいなら、戦うよりも思いやりを示したほうが、はるかに効果的です。

自分をむやみに批判せずに尊重することを**「セルフコンパッション（自分への思いやり）」**と言います。セルフコンパッションは、自分の信念や感情、行動を理解してより良い方向へ導くための道具となります。

自分を思いやれば、自分の欠点やダメなところを「自分の価値を示す指標」ではなく「人間らしさの1つ」と見なせます。完璧主義から抜け出し、「完璧でいることなど不可能で、むしろ完璧でないことが普通で必然である」と理解できます。また、自分にそもそも感情があることも、自分が実際に何らかの感情を味わっていることも、恥じなくなります。要するに、**自分に厳しい目を向け批判する精神から、自分に理解と優しさを示す精神へと切り替わるのです。**

思いやりは幸せの実現においていろいろな意味で重要な役割を果たしています。たとえば、セルフコンパッションを実践すると、感情をあまり抑えつけずに受け入れられるようになるため、**やっかいな感情を乗り越えやすくなります。**また、セルフコンパッションの度合いが高いほうが不安やストレスや憂鬱感が少ないという関連も見られます。

さらに、**思いやりは目標達成にも役立つかもしれません。**なぜなら、自分に思いやりを持っている人のほうが、うまくいかないときも「自分には伸びしろがある」と信じ、過ちを修正し、目標に再挑戦する傾向があるからです。

反対に、自己批判は先延ばしやストレス、ネガティブ思考のループにつながります。いずれも目標を追い続けようという意欲には結びつかず、幸せに貢献しません。

そのうえ、思いやりは人生の困難によるダメージから私たちを守ってくれる可能性もあります。知ってのとおり、批判は、ストレスのメカニズムを作動させて、脳と体の連鎖反応を引き起こすため、長期間にわたって幸せを害します。

逆に、思いやりはストレスを減らして体の鎮静システムを働かせるため、脅威システムの働きを抑えて体を再生・回復させる効果があります。

では思いやりとは何なのでしょう？　そして幸せに近づくためには、その思いやりを生活にどう取り入れたらよいのでしょうか？

思いやり研究の第一人者クリスティン・ネフは、思いやりを「優しさ」「共通の人間性」「マインドフルネス」の3つに分けて説明しています（詳細を知りたい方は、ネフのウェブサイトをぜひ見てみてください。参考文献324～327ページ参照）。

1つ目の**「優しさ」**は、脳内にいる批判好きな忍者の言葉と向き合い、反発するのではなく優しさを示すこと。2つ目の**「共通の人間性」**は、困難な体験や感情、苦悩を「人間なら誰もが経験すること」ととらえ、反対に、「自分だけが苦しんでいる」といった孤独につながるとらえ方をしないこと。3つ目の**「マインド**

フルネス」は、今抱えている感情を自覚し、効果的な対応方法に気づくことです。

次のエクササイズで、セルフコンパッションを身につけましょう。このエクササイズについては、「何となくうさんくさい」とか「気取っている感じがする」という評価をもらうことも多いですし、その気持ちはわかります。でも、実際にやってみると、思ったよりよかったと感じる人が多いのです。

というわけで、こういうときはとりあえず偏見を捨ててやってみるのがよいのではないでしょうか。

EXERCISE

1 セルフコンパッションをはぐくむ

困難な状況に陥ったら、次に挙げる問いかけをして、自分が何を求めているのか考えてみましょう。

1 友達だったらどう接する？

友達や大切な人が苦境に立っていると仮定して、その人にどう接するか考えてください。「くよくよするな」と厳しく批判しますか？ やっかいな感情を抱えていたり、間違えたりしたからといって、その人の評価を下げますか？

2 自分にはどう接している？

では、自分が同じ状況だったら、自分にどう接しますか？ どんな言葉をかけ、何をしますか？

3　差に気づく

「1」と「2」に差はありますか？　自分に接するように友達に接することがありえますか？　どちらの接し方が有益ですか？　困難な状況にいるとき、あなたが求めているものは何でしょうか？

4　セルフコンパッションをはぐくむ

困難な状況にいるとき、どうしたら自分に思いやりを示せますか？　自分にどんな言葉をかけるのが有益ですか？　苦境にいたら自分ならどんな励ましの言葉を聞きたいか考え、自分にかけてあげる言葉を事前に用意しておきましょう。

たとえば、同じ状況にいる子どもたちにどんな言葉を聞かせたいか、または自分が子どものときにどんな言葉を聞きたかったか、考えてください。そして次に困難な出来事や感情に見舞われたら、自分の無意識の反応に気づき、子どもをなぐさめるかのように、有益な声かけや行動をするのです。

いざというときほど実行が難しいかもしれませんが（そういうときはたいてい内なる批判者がいちばん活発になるので）、左ページの図を手がかりにするのも一案です。思いやりある対応をカードサイズのメモにして持ち歩き、必要なときに見返すのもよいでしょう。

5　自分のニーズに素直に行動する

落ち込んだときは自分を責めずに今の自分に必要なものを問いかけましょう。自分のニーズに素直に、友達や子どもに接するときのように、自分に接し、語りかけましょう。

思いやりから生まれる幸せ

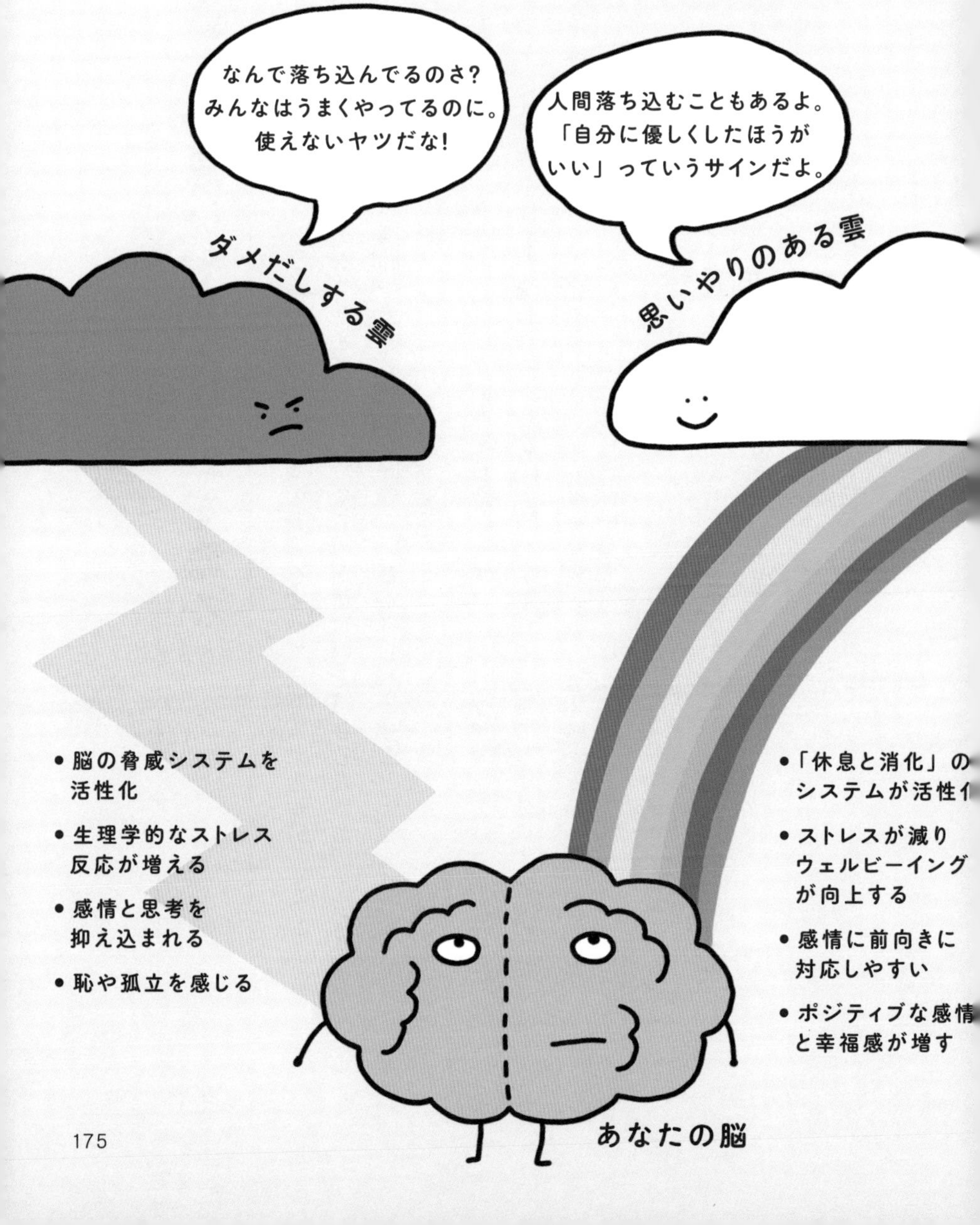

なんで落ち込んでるのさ?
みんなはうまくやってるのに。
使えないヤツだな!
人間落ち込むこともあるよ。
「自分に優しくしたほうが
いい」っていうサインだよ。
ダメだしする雲
思いやりのある雲
・脳の脅威システムを活性化
・生理学的なストレス反応が増える
・感情と思考を抑え込まれる
・恥や孤立を感じる
・「休息と消化」のシステムが活性
・ストレスが減りウェルビーイングが向上する
・感情に前向きに対応しやすい
・ポジティブな感情と幸福感が増す
あなたの脳

EXERCISE

2 思いやりタイムを取る

これはセルフコンパッションの3つの要素をすべて取り入れた手軽なエクササイズです。このエクササイズを1人でやるのが難しいと感じる人には、インターネットにある短時間でできる瞑想が向いているかもしれません。

たとえば、タラ・ブラックの考案した「セルフコンパッションをはぐくむRAIN式瞑想」は心が洗われるような印象的な瞑想です。他にも、クリスティン・ネフのウェブサイトにおすすめのエクササイズがたくさん載っています（参考文献324〜327ページ参照）。

次のエクササイズは、ストレスを感じたときにその都度やってもいいし、1日や1週間の間に一定間隔でやってもかまいません。

・立ち止まり、ゆっくり呼吸をしながら、今感じていることに注意を払

います

・感情に名前をつけ、その感情を持つのは悪いことではないと認めます
（180ページの「共通の人間性」の図を参考にしてください）。

・自分を慈しみなぐさめるためには、何が必要ですか？　言葉や行動を通して、自分に優しい対応をしてください。

EXERCISE 3

「共通の人間性」を認める

苦境にあると、自分だけが苦しんでいると感じたり、状況にうまく対応できていないような気がしたりするかもしれません。これには、感情や幸せに関する社会規模の信念が関係しています。「私たちはどんな困難にも負けず、いつも明るく前向きでいるべきだ」という風潮があるのです。

でも、そんなのは非現実的です。**「共通の人間性」**とは、「やっかいな感情や苦しみは人として生きる以上当然発生するもの、誰もが体験するもので、私たちを隔てるのではなく1つに結びつけるものだ」という認識を指します。

まずは自分の感情や反応、体験を批判しているときに、**批判している自分に気づけるようになりましょう。**

「こう感じるのはおかしい」「こんなふうに感じる人なんかいない」「私は変なんだ」と自分に言い聞かせていないでしょうか。あるいはもう少し遠回しに「もっとしっかりしないと」「みんなはもっとうまくやってるじゃないか」などと言っているかもしれません。このような言い方をしていると、自分がまわりとは違うような気がして、精神的に孤立してしまいます。

180ページの図にあるようなセリフを使って、**苦しみややっかいな感情、大きな悩みがあっても、まわりと何も違わないことを思い出してください。**その感情や悩みは人間なら誰もが体験することですから、あなたと他の人をつなぐ1つの共通点なのです。

孤立につながるような批判的な思考をしてしまったときのために、「共通の人間性」を思い出せるオリジナルのセリフを考えておくのもおすすめです。いいセリフを思いついたら、180ページの図に追加してみてくださいね。

誰もが経験する「共通の人間性」

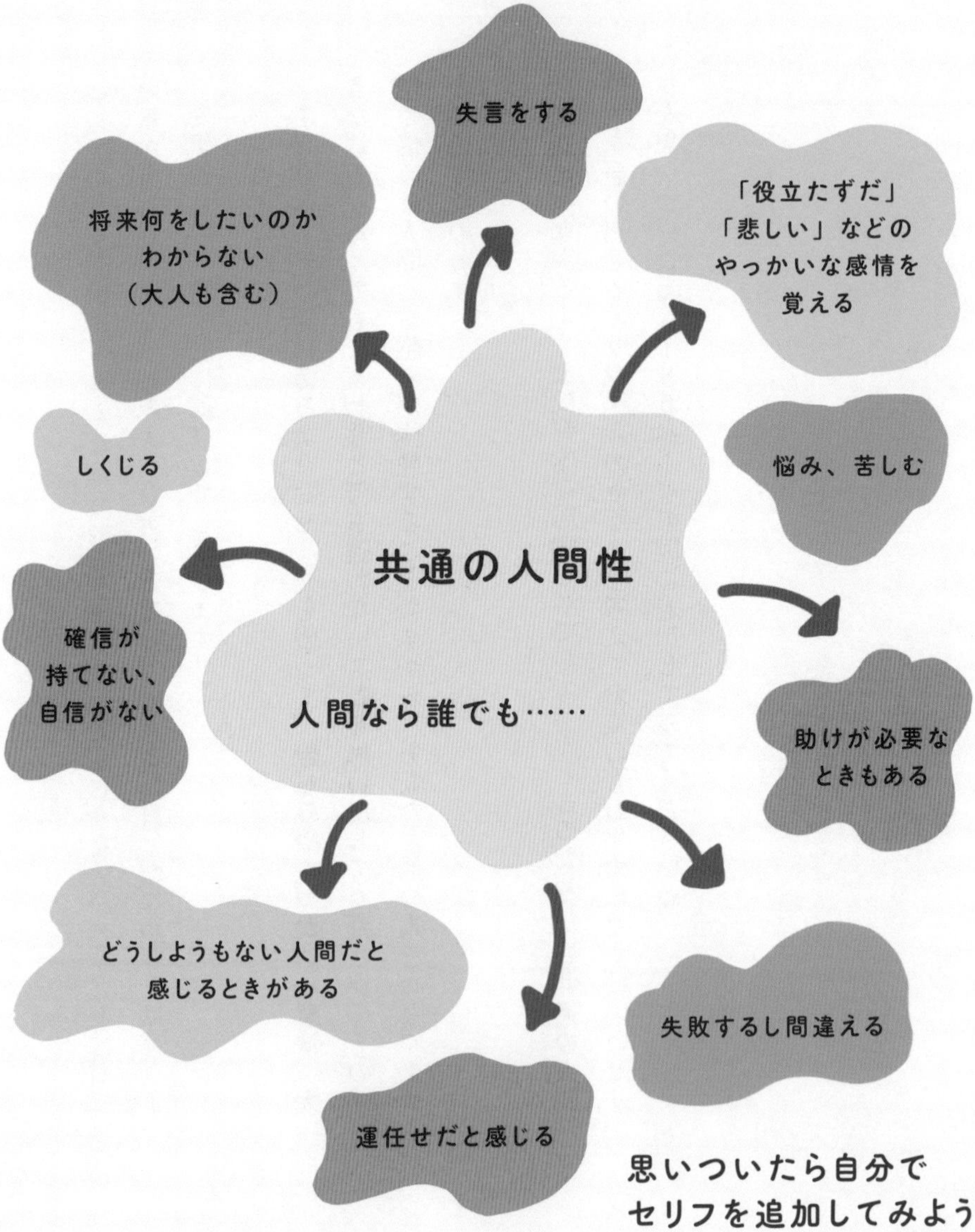
共通の人間性
人間なら誰でも……
失言をする
将来何をしたいのか
わからない
（大人も含む）
「役立たずだ」
「悲しい」などの
やっかいな感情を
覚える
しくじる
悩み、苦しむ
確信が
持てない、
自信がない
助けが必要な
ときもある
どうしようもない人間だと
感じるときがある
失敗するし間違える
運任せだと感じる

思いついたら自分で
セリフを追加してみよう

TOOL 12 幸せを感じやすい思考を身につける

私たちは1日にたくさんの思考を抱き、そのたびに思考が脳内を電車のように駆け抜けます。思考は脳内の情報と情報が結びつくことでつくられ、この仕組みによって、五感を通して入ってくるあらゆる情報が整理されて理解されます。思考は幸せに大きな役割を果たしています。というのも、**思考は私たちの人生の出来事の「指揮者」と考えられるからです。**

私たちの周囲では多くの騒音が発生していますが、それによりどんな気分になるかは私たちの感じ方と解釈によるところが大きいです。その感じ方や解釈は多くの場合、私たちの思考に依存しています。

私たちの思考は人生という「音楽」を解釈し、その音楽への反応のしかたや関わり方を私たちに指示します。あなたというオーケストラを特定の感情や行動へと導いているわけです。ちょうど指揮者が音楽の解釈を決めるように、あなたの思考も「周囲の環境」という音楽を解釈したものなのです。

指揮者の解釈は、たいてい私たちの中にある構成概念、つまり「信念体系」から生まれ、私たちの感情と行動に影響を与えることは知ってのとおりです。信念体系を掘り下げるのはなかなか大変な場合もありますが、その副産物である思考を突き止めるのはそれよりずっと楽なことが多く、**思考であれば気づいて対応することが可能です。**

ときには、指揮者という指揮者がみんな、驚くほど同じ解釈を示すことがあります。たとえば、人生にはどう考えても困難な出来事というものがありますが、そういう出来事は、ほぼすべての人にとって悲しい音楽となって響くでしょう。でも全体としてみれば、出来事の解釈のしかたや結果は、十人十色です。

試験に落ちたときを例に考えてみましょう。Aさんはそれを破滅のようにとらえて、「残りの人生も失敗続きでとうてい幸せにはなれない」と考えます。Bさんは悔しく思うものの、それを一度きりの出来事と解釈します。Cさんは「進路が合っていないということだから違う道へ進むべきだ」と判断します。

このように、同じ出来事であっても、個々の人生の現状やこれまでの経験、信念体系などの幅広い要素が絡み合って、指揮者一人ひとりが異なる解釈を示します。**どの解釈も間違いではありませんが、事実でもありません。**

しかし指揮者がある出来事をどう解釈しようと、その解釈がずっと続くということではありません。あなたが指揮者の存在と発言に気づきさえすれば、指揮者は意外と変化を受け入れてくれます。

とはいえ、「ポジティブ思考でいこう」と書かれたバッジを指揮者につければOK、という話ではありません。思考はたいてい自動的に発生するものだからです。重要なことは、ポジティブになることではなく、思考と思考パターンが私たちの感情や行動に与える影響を認識することです。

指揮者が最初に下した解釈には、背中を向けずに耳を傾ける必要がありますが

――この続きが肝心ですよ――**指揮者の解釈を信じる必要も、指揮者と同じ解釈をする必要もありません。一歩引き、ズームアウトして別の解釈を考えましょう。**指揮者の解釈のどこが良くないのか、オーケストラをもっと良い方向へ導ける解釈がないかを考えるのです。

それでは、どうしたら思考の指揮で幸せに近づけるのか、あらためて考えてみましょう。幸せやウェルビーイングと相性の良い「思考のコツ」はあるのでしょうか？　答えは「イエス」です。

第一に、指揮者の存在と発言に気づくことが大事です。自分の思考から一歩引き、聴衆に目を向けて、他の解釈が存在するか確認できるからです。オーケストラには普通多くの聴衆がいますから、その音楽の解釈も何通りも存在します。

第二に、聴衆の意見に素直に耳を傾けてください。指揮者もあなたの思考も柔軟になることで、予想していなかった対応方法が見えてくるでしょう。

第三に、指揮者には優しい解釈を促しましょう。思いやりの話をしたときも説明したとおり、悪いように決めつけたり、批判的に考えたりしていると、脳と体に大きなストレスがかかるため、音楽に向き合うどころか逃げ出したくなってしまいます。

ウェルビーイングに効果的だと明らかになっている「思考のコツ」は他にもあります。それが一部の人の間で**「楽観主義的説明」**と呼ばれる思考スタイルです。「楽観主義」は自分にはハードルが高いと思うなら、「逆境で前進する方法と解決策をみつけるのに役立つ思考」という意味で、作家で慈善家のハンス・ロスリングの造語を借りて、「可能性主義」と言いかえてもいいかもしれません。

「楽観主義」と言うと非現実的に感じられるかもしれませんが、より柔軟に、さまざまな可能性を考える思考、オープンで現実的な「可能性主義」思考だと考えれば、自分にもできそうな気がしてきませんか？

楽観主義的説明（お好みに応じて「可能性主義的説明」と言ってもかまいません）とは、困難な出来事を「外因的」（自分だけのせいではない）で「一時的」（ずっと続くとは限らない）で「特異的」（人生全体に当てはまるわけではない）なものととらえる思考の傾向です。困難な出来事が起きたとき、このような説明スタイルの人は、自分を責めたり、それが永遠に続くと考えたり、人生全体を悪く受け止めたりはしません。

これと対照的な説明スタイルは、**「無力的説明」**と呼ばれます（無力感を感じさせるスタイルなので）。困難な出来事を「内因的」（自分のせい）で「永続的」（今後も変わる可能性がない）で「普遍的」（人生全体に当てはまる）なものと説明します。

どちらの説明スタイルを使うかが重要です。**楽観主義的説明をする人は、幸せであり、ストレスへの適応度が高く、逆境から回復しやすい傾向があります。**また、健康的で寿命も長く、「ずば抜けて長生きする」（つまり85歳以上まで生きる）確率も高いという相関が見られます。

でも自分の思考の傾向を変えることなどできるのでしょうか？　その点については、**説明スタイルは後天的に身につけられるし、今の説明スタイルをもっと有益なものに変えることもできると証明されています。**私自身も臨床でその効果をたしかに目の当たりにしました。

次のエクササイズのねらいは、幸せになりにくい思考スタイルを突き止め、逆に幸せになりやすい思考スタイルをはぐくむことにあります。

EXERCISE 1　思考から一歩引いて別の解釈を考える

このエクササイズでは、ある出来事に対して抱いていた否定的な解釈から距離を置き、その解釈を別の角度から眺める練習をします。

189ページのイラストを参考にして、思考の指揮者があなたに何を語りかけているかはっきりさせたら、段階的にその思考から距離を取り、聴衆の質問や発言を聞きながら、その思考を点検しましょう。その思考を信じる必要が本当にありますか？　それとも別の見方ができそうですか？

なかには、自然と引きつけられる解釈もあるでしょう。それは長年の信念から派生した解釈だからです。でも実はその解釈はひどく歪んでいたり、有害だったりするかもしれません。とにかく、もともとの思考から一歩引き、どの思考と一緒にオーケストラを率いて人生を築いていきたいかを確認してみることです。

思考の焦点も重要です。指揮者が思考の焦点をどこに置くか、また、あなたがその焦点にどの程度とらわれるかによって、あなたの気分は大きく変わってきます。指揮者が「ぐるぐる思考が止まらない」という歌に焦点を合わせているときは、過去の出来事にとらわれてそれを何度も思い返し、出口のない悩みにはまっている状態です。

一方、指揮者が未来にとらわれて「きっと破滅する」という歌を指揮しているときは、未来の未知の空白を心配事で埋めるばかりで、結論には至らず、今この瞬間に流れている音楽を台無しにしています。

思考の指揮者が過去または未来にとらわれていると気づいたら、191ページのEXERCISE3か148ページの「心配事の木」を試してみてください。

今ある思考から一歩引いて考えてみよう

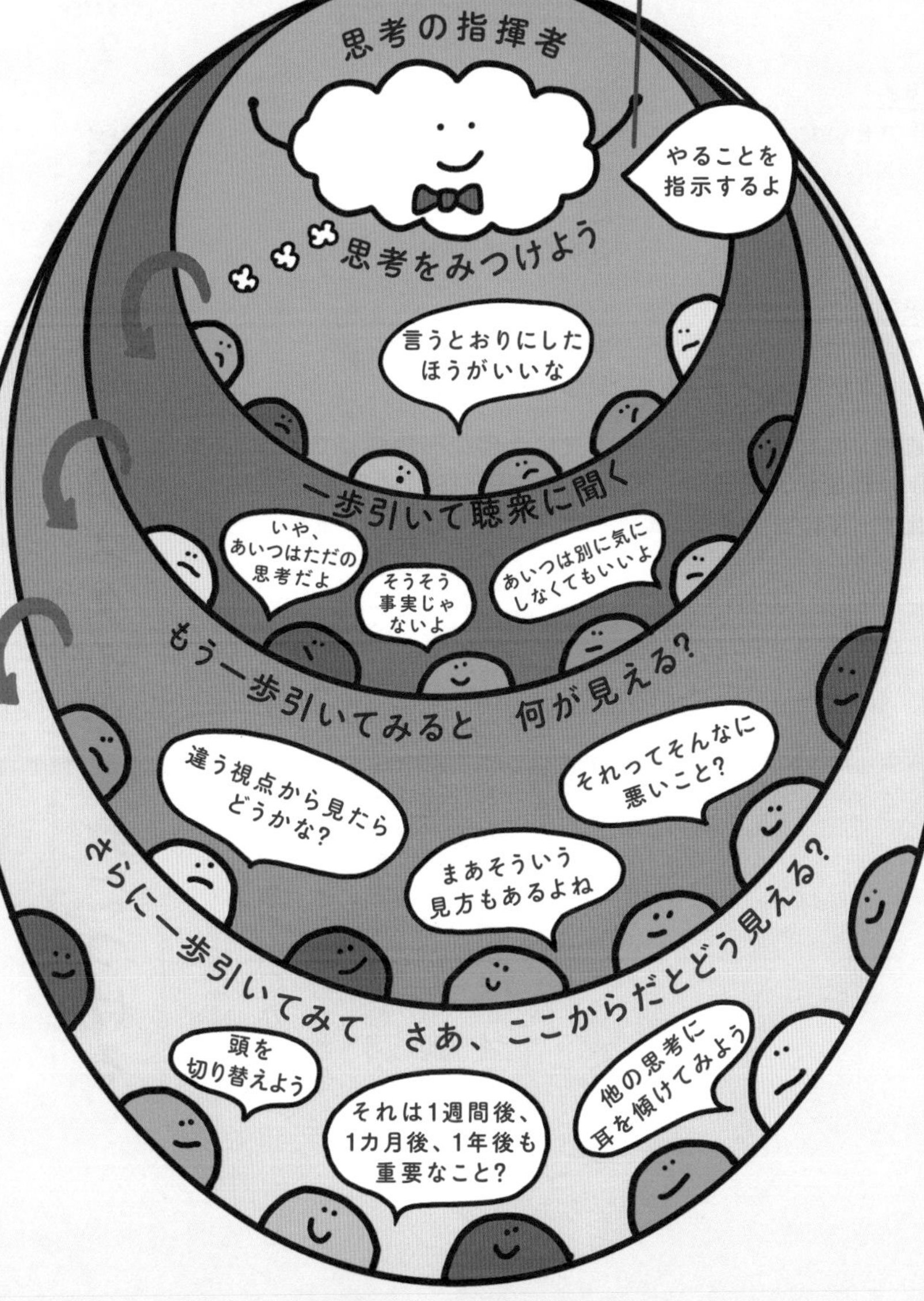

EXERCISE
2

楽観主義的説明スタイルを身につける

このエクササイズでは、ストレスになる出来事や困難な出来事をもっと前向きに説明できないか考えていきます。上の図を見て、質問に答えながら、別の見方ができないかを考え、答えを紙に書きだしてください。

楽観主義的（可能性主義的）説明スタイルで考えてみよう

こんな解釈をしていない？	代わりにこんな視点から考えられない？
内因的 自分のせいだ	**外因的** 本当に何もかも自分のせい？他にも何か原因があるのでは？
永続的 この状況はずっと変わらない	**一時的** 本当にこの状況は常態化している？
普遍的 自分の価値が決まる、人生すべてに当てはまる	**本当に**今回の一件だけで自分の価値が決まる？

EXERCISE

3 ぐるぐる思考から抜け出す

ぐるぐる思考（反すう）はハムスターの回し車。走っても走っても解決に至ることはありません。むしろ、ますます悩みや不安や落ち込みに襲われて、さらにくよくよすることになります。

脳は私たちを助けたくて、私たちの悩みを理解し解決しようとしているのですが、これが裏目に出て、私たちは答えの出ないハムスターの回し車に追い込まれてしまいます。

192ページのイラストを参考に、ぐるぐる思考をしているときに気づいて、悩みをうまく乗り越える方法をみつけましょう。

脳の中で悩みがぐるぐるしていて
結論にも解決にも至らない状態？

大変！　今すぐ降りよう！

- 他のことに集中して、脳の注意を悩みからそらす
- 悩みを語りつくす
- 可能なら解決策を取る
- 悩みを紙に書きだす
- 悩む時間を決めて、それまでは悩まないようにする

TOOL 13 幸せに気づく

注意は幸せのサンドイッチをつくるのに欠かせませんが、注意力には限りがあります――私たちが一度に注意を向けられる、または心に留めておける情報量は、ある程度決まっているのです。**注意はいわば脳がスポットライトを当てる的です。**

逆に言えば、私たちは脳のスポットライトが当たっていない情報には気づきません。何を意識し、何を記憶するかも、注意の向け方によって決まります。つまり、注意をたくさん注いだ情報ほど、記憶されやすいのです。

注意を引く刺激は無限に存在し、下手をすれば注意力が枯渇しかねないので、脳は注意力をうまく管理する必要があります。注意をどこにどの程度割くかは、さまざまなものの影響を受けて決まりますが、そのうちのいくつかはすでに紹介しました。

たとえば、脳の自動的なバイアスは、ネガティブな情報に注意を引き寄せます。また、順応の仕組みにより、私たちは既知の情報には慣れますが、裏を返せば、**目新しいものには注意を払わずにいられません。**

新規の情報があればそこに注意を割いて、その情報の扱い方（危険なものとして扱うか？）や、新しいルートを安全に進む方法、変化に適応する方法などを決めなくてはいけないからです。

さらに、私たちの注意は自分の信念体系に合う情報には引きつけられますが、そうでない情報は無視します。そのため、**ある情報が自分にとって意味のある情報になると、その情報が急に目につくようになります。**典型的な例としては、妊娠を希望すると、やたらと妊婦が目に入るようになります。妊娠が自分にとって重要な意味を持つようになったからです。

幸せのサンドイッチをつくって食べることを習慣にするには、どこにどうやって注意を割くかが重要です。信念は、周囲の環境からどの情報を取り入れるかに影響するだけでなく、普段からサンドイッチにどの程度注意を向けるのかにも影響を与えます。つまり、サンドイッチを継続的につくって食べるのか、それとも日々の義務に追われてサンドイッチのことをすっかり忘れ、冷蔵庫の奥でしなびさせてまったくの無駄にしてしまうのかが、変わってくるのです。

注意はある程度自分でコントロールできます。次のエクササイズで、限られた注意力を使ってウェルビーイングを最大化し、サンドイッチにしっかり注意を注げるようになりましょう。

脳の注意のスポットライトをずらして
幸せに気づこう

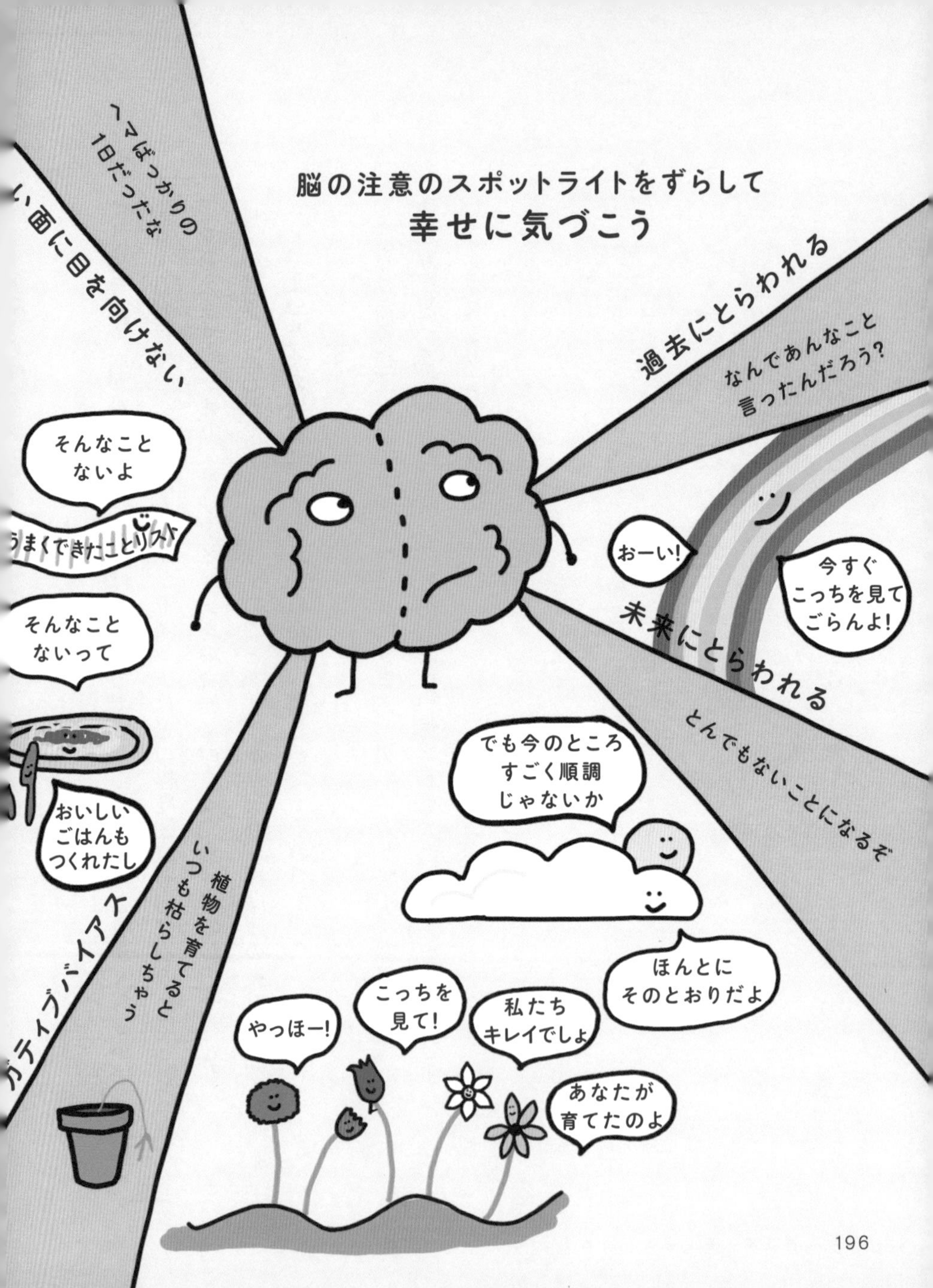

EXERCISE

1 ネガティブバイアスをくつがえす

私たちの注意は脅威となるものに引き寄せられる性質があるため、ネガティブな情報は否応なしにあなたの注意を奪います。たとえば――たとえばですよ――あなたが本の著者で、職業は、そうですね、心理学者だとしましょうか。あなたは5つ星のレビューを何百も獲得しています。それでも、1つ星のレビューが1つあれば、その1つに気を取られるでしょう。**ネガティブな情報はときに注意を独占するのです。**

日常生活にも同じことが言えます。仕事についてポジティブなコメントを20個もらっていても、ネガティブなコメントを1つもらえば、そのことばかりくよくよ考えます。

でも、くよくよする自分を責めないで。それが脳の自然な作用なのです。なかには、すべての出来事が平等に印象に残るわけではないと示す研究もあって、良い精神状態を保つには、ポジティブな出来事とネガティブな出来事の比率がおおよそ5対1である必要があるそうです。

ですからいったん冷静になって、あなたの注意を奪っているものに気づきましょう。そして、それよりはるかに良い気分になれるものに脳が気づけるように、**注意をバランス良く分散させる方法を考えましょう。**

脳がポジティブな面に気づけるようになる方法をいくつかご紹介します。幸せのサンドイッチをつくる道具として追加してみてはどうでしょうか。「人それぞれ」であることを忘れずに、自分に合う方法を探してくださいね。

達成したことを振り返る

1日の終わり、または仕事終わりに（実際はいつ行ってもかまいません）、いったん立ち止まりましょう。少し時間を取って今日達成したこと、やったことを振り返ってください。どんなことをうまくやれましたか？　苦労しながらもやり遂げたことは何ですか？　我ながらがんばったと思えることは？

今挙げたようなことを書き留める方法として、私は**「TaDa《タダー》（じゃーん！）」リスト**を普段からつけることをおすすめしています。これからやるべき「ToDo」ではなく、うまくいったことを振り返り、じゃーん！　と披露するようにリストに書き込んでいくのがポイントです。やることリストと合わせてつけてみてはどうでしょうか。「TaDa《タダー》（じゃーん！）」リストについては、前作、『心の容量《キャパ》が増えるメンタルの取扱説明書』でも詳しく紹介していますので、ぜひ読んでみてください（参考文献324〜327ページ参照）。

ポジティブな面に目を向ける

ネガティブなことで頭がいっぱいになっていると気づいたら、今すぐ頭を切りかえて。**脳が見落としている、正反対の情報がないか考えてください。**たとえば、会議でのミスに気を取られているなら、その日他にうまくいったことがなかったか、会議でうまくしゃべれた部分がなかったか、考えてみるのです。

子どもに怒鳴ってしまったなら、同じ日にスムーズに乗り切れた場面がなかったか考えてみましょう。実は冷静に対応できた場面のほうが多かったのでは？

長いスパンで考える

1日単位ではなく、もう少し長い期間ごとに、やったことを振り返ってみましょう。大変な時期をみごとに乗り切ったりしませんでしたか？うまくこなせたと感じるものはありませんか？　仕事とプライベート両方の面で振り返ってみるとよいでしょう。

その日の良かったことに注目する

楽しかった瞬間を思い出してください。思い出しやすいように、紙に書きだすか、写真を見るなどするとよいでしょう。やり方や、やる頻度を決めてしまうのも効果的です。

たとえば、「今日の感謝したいこと3つ」を書くことを習慣にしている人もいます。この方法は注意の焦点を良いものに向けるのにぴったりです。

良いことに注意が向くような仕掛けをつくる

たとえば、楽しみな予定やイベントのメモなど、はげみになるものをクリップボードに挟んで机の脇に置いておく。職場の目に入るところに成果を記録する。サンキューカードを飾る、などなどいろいろな方法があります。

忘れてはいけないのは、**新鮮さが薄れてきたものはそのままにせず、手を変え品を変えて注意を維持すること。**置く場所を変えるか、アイテムを追加・変更してみて。SNSやインターネットの助けを借りるのもありです。『The Happy News（ザ・ハッピー・ニュース）』『The Good News Movement（ザ・グッド・ニュース・ムーブメント）』『Upworthy（アップワージー）』などのウェブメディアをフォローすると、良いことに気づきやすいでしょう（参考文献324〜327ページ参照）。

EXERCISE

2 フローを体験する

時間の感覚は、人生の状況や意識のありかによって変化します。あなたにも、目の前の活動に夢中になるあまり、時間はもちろん、自分、そしてまわりの物や人の存在を忘れた経験があるかもしれません。

フローとは、**今やっている活動に完全に没頭すること**を指します。フロー状態にいると快感を覚えます。私は新型コロナウイルスが最も猛威を振るっていた時期に、人々の体験をイラストで伝え始めました。イラストを描いている間は、職場である国民保健サービスでのストレスの多い日常業務を忘れられました。おかしな話ですが、他の人たちの気がかりや悩みを絵にすることが、私にとって重要なストレス解消法になったのです（自宅学習中の子どもたちにおやつをねだられて、中断してばかりでしたが。これもまた、何事も状況次第だということを示す一例ですね）。

フローにはさまざまなメリットがあります。**フロー状態になると、喜びと意味を感じられます。**脳も世間の要求から解放されます。あなた自身の体験を振り返って、目の前の作業に完全に没頭して快感に満たされたときのことを思い出してください。そのときやっていたことが、あなたをフローに導く活動です。

フロー状態になれる活動の代表例としては、創作活動や自然体験、スポーツ、楽器演奏などが挙げられますが、どんな活動でもフローを体験する可能性はあります。できれば気の散る原因を排除し、今やっていることに本気で集中することで、フローの可能性を高められます。

また、フローを体験するには、**その活動が適度な難易度でなくてはいけません。**つまり、退屈しない程度に難しく、投げ出したくなるほどには難しくない、ということです。

あなたをフローに導く活動を一覧にしてみましょう。幸せの具の1つとして、その活動をする時間をできるだけつくれないか、考えてください。

EXERCISE

3 幸せを味わう

脳はネガティブなことに敏感なので、良いことにはすぐに慣れます。言いかえれば、私たちは良いことに順応し、そこに注意を向けなくなります（この現象を「快楽順応」と呼ぶんでしたね）。

ポジティブな出来事に対する快楽順応を阻止するのに役立つのが、**セイバリング（味わうこと）**です。良いことをじっくり味わうと、その細部まで思い出せるし、良い瞬間に長く注目できるし、良いことを記憶しやすくなるため、幸福度が高まると言われています。

セイバリングを実践する方法はいろいろあります。左ページのイラストに例を挙げましたので、参考にどうぞ。自分にとってベストなセイバリングの方法を考えて、幸せのサンドイッチに追加してください。

快楽順応

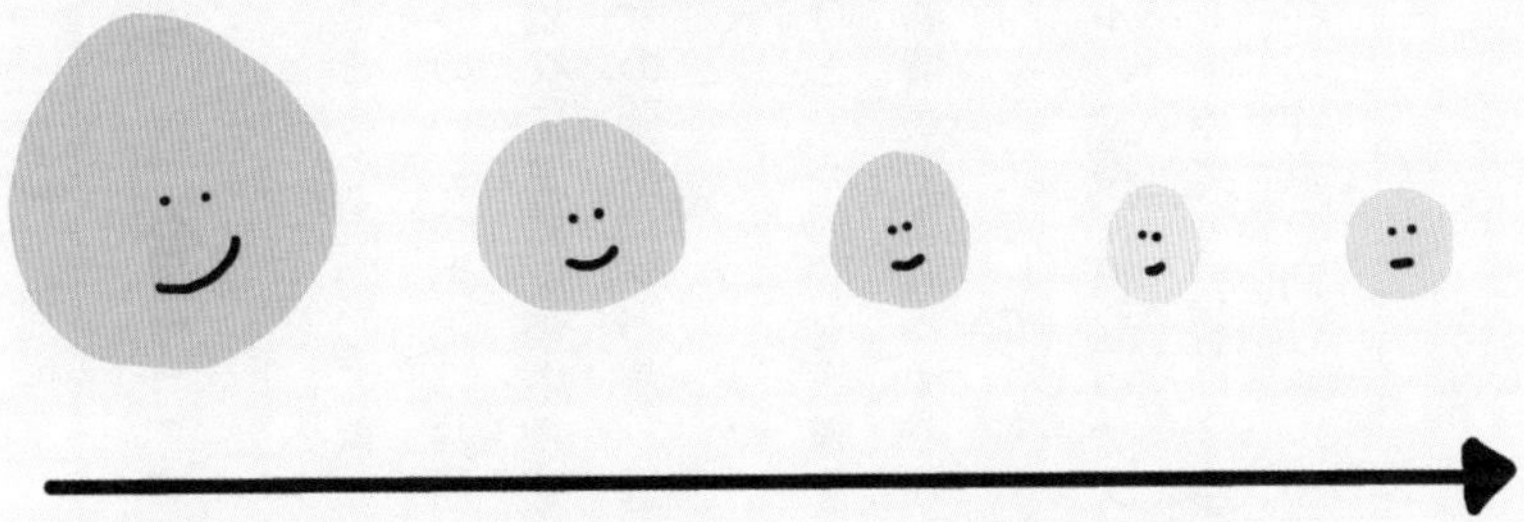

楽しいことにはすぐ慣れて注意を払わなくなる

セイバリング（味わう）

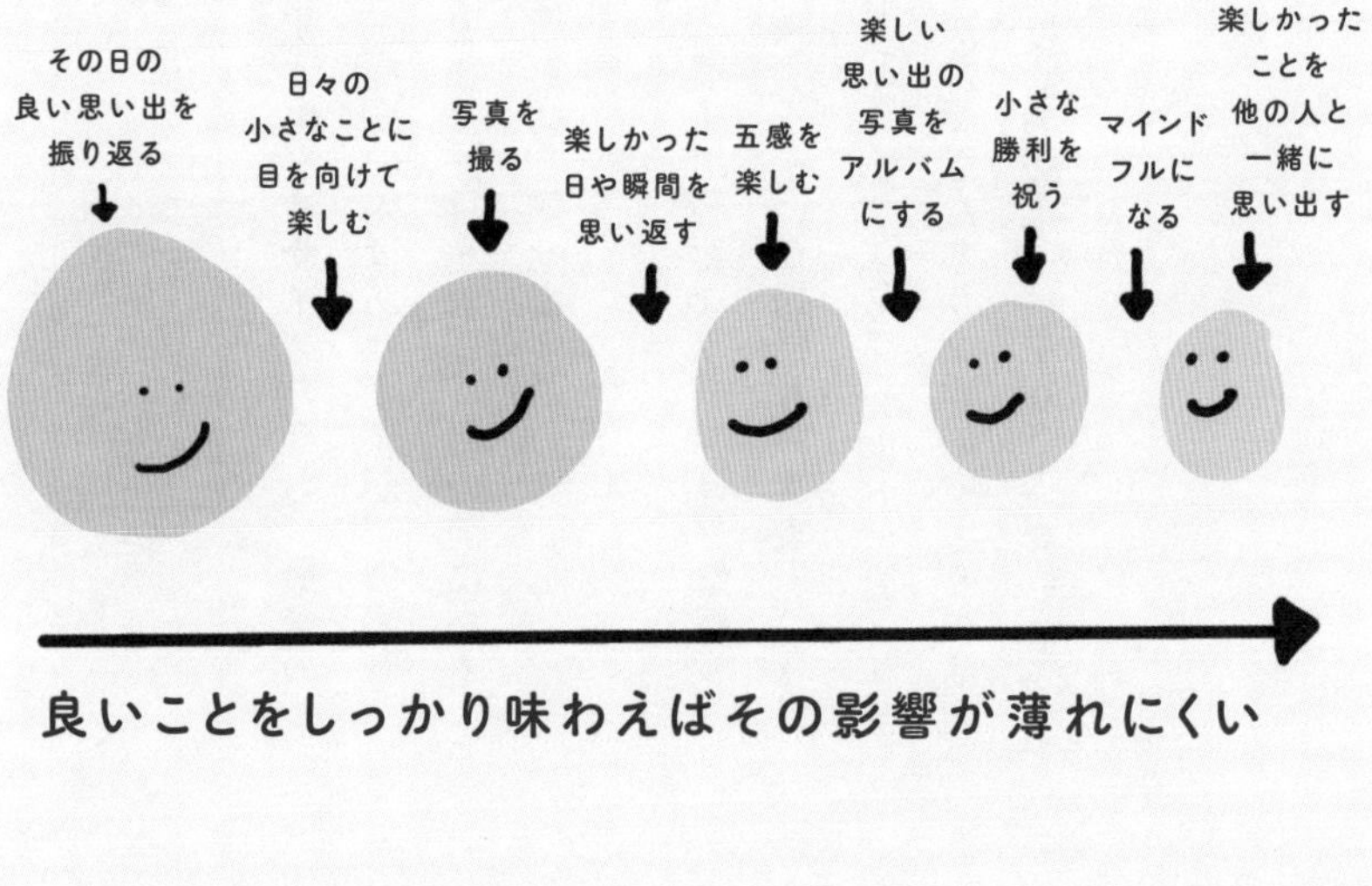
その日の良い思い出を振り返る
日々の小さなことに目を向けて楽しむ
写真を撮る
楽しかった日や瞬間を思い返す
五感を楽しむ
楽しい思い出の写真をアルバムにする
小さな勝利を祝う
マインドフルになる
楽しかったことを他の人と一緒に思い出す

良いことをしっかり味わえばその影響が薄れにくい

EXERCISE

4 「今ここ」に存在する

ここまで説明してきた、注意をコントロールするエクササイズのうち、最後のほうのいくつかには共通のテーマが存在します。程度の差はありますが、いずれも**現在に注意を集中させる必要があるのです。**現在に注目すれば、目の前にある幸せの要素に気づき、過去や未来の悩みから思考を切り離せます。

今という瞬間を意識すると、体が緩むことで、幸せに必要なポジティブな感覚や感情が生まれやすくなります。ストレスが軽減するという効果もあります。具体的な手法としては**マインドフルネスと瞑想**が有名です。この2つに関しては、スキルの習得に役立つオンライン瞑想会やアプリがたくさんありますので、ぜひ活用してみてください。また、前半で紹介した「畏怖の散歩」（110ページ参照）も、現在に注意を向ける1つの方法です。

第4章 幸せを守る

ボクが脳の気を引くから、その間にサンドイッチを奪って!
こっちを見て
配置よし! いつでも攻められるからね!
カモメ(別名ストレス)
外敵から幸せのサンドイッチを守ろう!
ステキなサンドイッチを楽しむのにぴったりの場所だなあ

さて、ここまでで、理想的な幸せのサンドイッチをつくるのに役立つ、さまざまな道具を取り入れられましたね。でもちょっと待って。まだ安心できません。地平線には、あなたのサンドイッチを狙うリスクや脅威が見えます。サンドイッチを壊滅的な被害から守らないといけません。ストレスという名の脅威のカモメが、サンドイッチに熱い視線を注ぎながら、あなたの手からサンドイッチをさらう隙を狙っているのです。

日々発生する「やらないといけないこと」は、どれもその時点では急務に見えて、喜びをもたらすサンドイッチの具をかじる暇も、具に気づく暇さえも与えてくれません。

身近にあふれる「気が散るもの」は、あなたの注意を奪い合い、あなたが自分にとって本当に重要なものに集中することを邪魔します。他人からの批判が持つ力は、あなたの価値観や行動、そして幸せのサンドイッチに入れた具の正当性さえも疑わせます。

幸せを脅かすこうした脅威たちにサンドイッチを引きちぎられ、残ったのはしなびたレタス1枚とパンの耳だけ……とならないようにするには、どうしたらよいのでしょうか？

リスクは私たちの内外に存在します。リスクの詳細と、リスクを管理する方法について確認していきましょう。

TOOL 14 ストレスから自分を守る

サンドイッチにとっていちばん危険なのは、**ストレス**というカモメ。あなたの手からサンドイッチを奪うチャンスを、虎視《こし》眈々《たんたん》と狙っています。ストレスの語源は、ラテン語の「strictus」で、「引き締まっている」という意味の言葉です。ストレスを覚えたときに肩こりや歯の食いしばりを感じたことがある人なら、その語源がいかにぴったりかわかるでしょう。

ストレスは、原因という側面からとらえるならば、「今あるストレス要因の数」「そのストレス要因に対して感じる脅威の大きさ」そして「自分の使える能力や手段」の3つの関係性によって説明できます。つまり、脅威が多すぎるとき、かつ（または）、「その大きさの脅威に自分の持っている能力や手段では対応しきれない」と感じるときに、ストレスを感じる可能性があります。

一方で、ストレスは気分や体と深くつながっていますから、心と体への影響という側面からとらえることもできます。その場合の**ストレスは、重要な身体機能のバランスが崩れている状態だと言えます。**具体的には、交感神経と、副交感神経のバランスが崩れているのです。つまり、脅威システムが活性化して体にエンジンがかかりすぎている状態で、体が十分に休まらず、私たちがベストな力を発揮できていない状態です。

ストレスは交感神経を刺激し、複数の身体反応を引き起こして、感情や、脳と体の働き具合、思考の過程、そして行動に影響を与えます（私はストレスがかかるとプリングルズをいっぱい食べてしまいます。要するに、その症状が出たら、間違いなく「キャパオーバー」だということです）。

ストレスは常にある程度は存在するものですし、少しの間なら増えても問題ありません。むしろ、役立つこともあります。

大学の論文を提出する、面接の準備にはげむなど、自分を追い込む必要がある場面では、多少のストレスも必要でしょう。体のストレス反応は、すぐ行動を起こせる態勢や、ストレス要因に対処できる態勢を整えますから、そういう態勢が必要な場面ではありがたいものだと言えます。

でも、「やらなくてはいけないこと」に対処できるだけの余裕がなかったり、脅威となるストレス要因が長引いたりして（慢性ストレスと呼ばれることがあります）、ストレスが過度になると、体のストレス反応は有益なものではなくなり、私たちの気分や幸せはもちろん、体の健康をも脅かすようになります。

短期間であれば役立つはずの体のストレス反応も、ストレスの継続により長期化すれば、有害なものになるのです。

ストレスはウェルビーイングにさまざまなかたちで影響を与えます。

第一に、ストレスを感じたことがある人（つまりほぼ全員ですね）なら知っているように、ストレスがあるとひどく嫌な気分になります。

第二に、ストレス反応によって、免疫の他、脳や動脈、心臓、胃腸といった体を構成する要素の働きが低下する可能性があります。

第三に、ストレスが慢性化すれば、ウェルビーイングの低下や精神疾患を招きます。睡眠や活力が奪われ、食生活も乱れるため、精神状態がいっそう悪化するのです。

第四に、ストレスに対処しようとすることでむしろウェルビーイングを低下させてしまう場合があります。たとえば、大量のお酒を飲んだり、ストレスの原因を避けたり、気分転換の時間を削ってしまったりするのです。こうなると気分転換に役立つ幸せの具は放置され、ストレスというカモメの餌食になってしまいます。

ストレスの把握と管理は幸せの要ですから、優先的に取り組むべきです。自分のストレス度と、ストレス管理に使える道具を見きわめて理解し、幸せのサンドイッチを守りましょう。

私はよくストレス管理を**「キャパシティカップ」**にたとえます。キャパシティカップをイメージすると、「やらなくてはいけないこと」が自分の容量《キャパシティ》を超えてあふれそうなタイミングを特定しやすくなります。「キャパシティカップ」については、前作、『心の容量《キャパ》が増えるメンタルの取扱説明書』で詳しく説明していますので、参考にしてみてください（参考文献324〜327ページ参照）。

そしてもう1つ気に入っているたとえが、**「ストレスバケツ」**です。ストレスバケツを使うと、バケツの中身がたまってストレスになっているときに気づけるので、対処のタイミングを逃しません。ストレス要因の入口にも注目してください。蛇口をいくつか閉めれば一部のストレス要因を減らせるかもしれません。

もちろん、あらゆるストレスを思い通りにできるわけではありませんが、ストレスをうまく管理できているかどうか、バケツの容量を消費している蛇口がないかは確認できます。容量を消費している蛇口の中には、短期的には役立って見えるのに、結局はバケツに水を注ぎ直してストレスを増やすタイプの「ニセ蛇口」もあるかもしれません。ストレスバケツについて、もう少し詳しく見ていきましょう。

レス要因
コントロールできるストレス要因
コントロールできないストレス要因
私はストレスという名のカモメ。バケツを満タンにして!
ストレス対処のつもりでやっているのに実は逆効果なこと
ストレスのたまったバケツ
ここはどこ?
蛇口を開けてよ!
その蛇口じゃないって
ヘルプ蛇口
ニセ蛇口
全部流すよ
ちょっとイライラ・カニカニしてる?
全部戻しちゃえ
ストレスを管理するのに役立つこと

EXERCISE 1

ストレスバケツが満杯になりそうなときのサインに気づく

216ページのイラストを使って、あなたのストレスバケツが満杯になりそうなときに気づけるようになりましょう。満杯が近づくとどんなサインが現れますか？ 行動、感情、身体、思考、それぞれの面から考えてみてください。

ストレスがたまると何かをしなくなるとか、逆に、何かをし始める、といった明らかな行動面のサインはありませんか（プリングルズを食べる量が異様に増えるとか）？ 感情面であれば、イライラする、泣きやすくなる、どうしていいかわからなくなる、などのサインが出てきませんか？

体のサインは多岐にわたりますが、体が凝る、胃がむかむかする、睡眠が乱れる、などが一般的です。思考のサインとしては、めまぐるしい思考、集中力の低下、ネガティブ思考の悪化などが挙げられます。

容量《キャパシティ》が満杯になりそうなときのサインを書きだそう

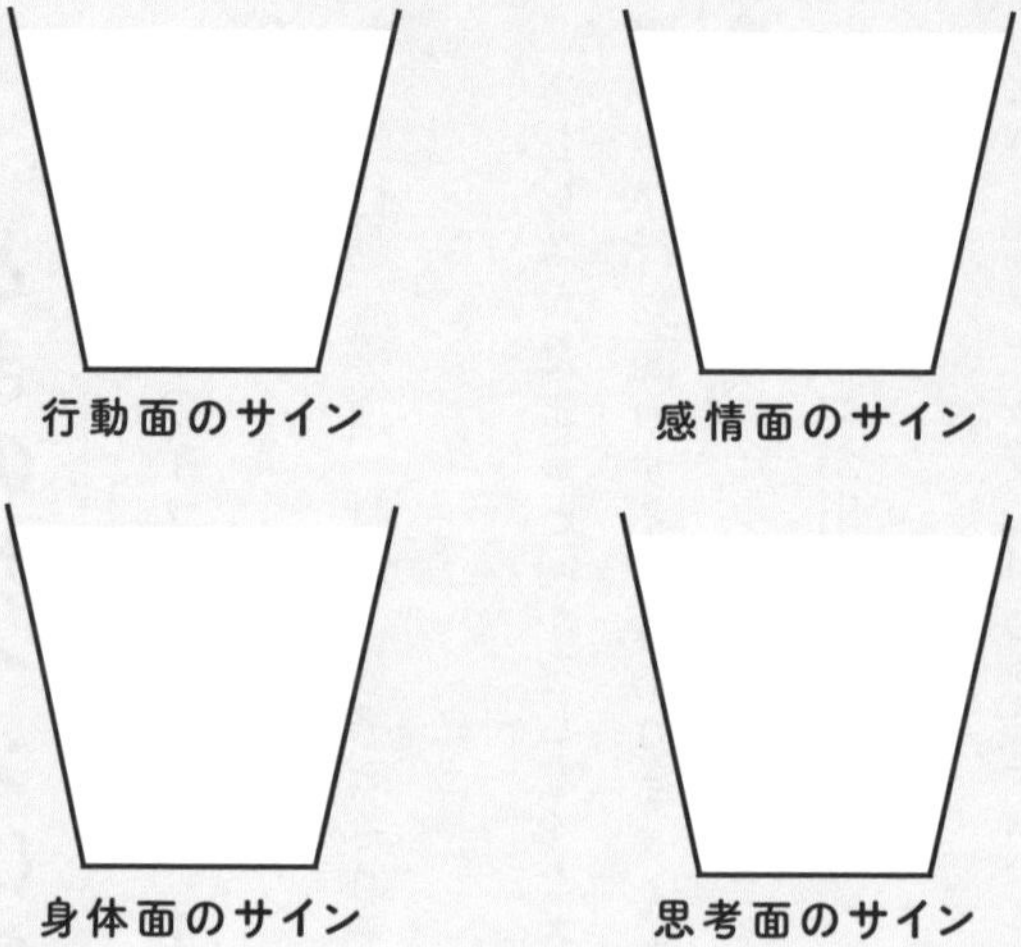
行動面のサイン
感情面のサイン
身体面のサイン
思考面のサイン

自分のサインを知っておけば、警戒が必要なときや、サンドイッチを守るために行動すべきときを見きわめられます。

EXERCISE

2 ストレス要因を特定する

あなたのバケツに入っているものは何ですか？　214ページのイラストを使って、ストレス要因を**「自分でコントロールできるもの」**と**「自分ではコントロールできないもの」**の2つに分けて記入しましょう。

バケツがあふれそうになったら、ストレスを管理するためにいずれかのストレス要因を止められないか、また、どうやって止めるかを考えてください。

EXERCISE 3 ストレス対処に有効なものを見きわめる

バケツを空にしてストレスに対処するのに有効なもの（ヘルプ蛇口）は何で、ストレス対処のつもりがかえってストレスを増やしてしまっているもの（ニセ蛇口）は何でしょうか？

ヘルプ蛇口とは、**ストレス管理に有効な手法のことです。**ヘルプ蛇口を開ける要素、つまりあなたにとってストレス解消につながるようなものは何かを考え、ストレスバケツの絵に記入してください。そして、ストレスがたまってきたと気づいたら、ヘルプ蛇口をどう活用すればいいか考えて。

ストレス解消の効果が明らかになっている行動としては、人とつながる、リラックスする、ゆっくり呼吸する、運動する、睡眠を優先する、規則正しい生活をする、気持ちを話す、問題を解決する、などがあります。

続いて、ニセ蛇口を開ける要素について考えてみましょう。ストレス対処に役立ちそうなのに、長い目で見るとむしろストレスを増やしているものは何でしょうか？

ありがちなのは、**ストレス要因の回避です。**ストレス要因から目をそらせば、そのときは気が楽になります。しかし、長い間ストレス要因を回避してばかりいれば、ますますストレスがたまってしまいます。

TOOL 15 時間を大切にする

「時間不足感」、つまり「時間がない」、特に**「心に良いことをする時間がない」という感覚は、焦りやストレスの増加につながるため、当然、幸せにも影響を与えます。**

面白いことに、お金よりも時間（金銭的な豊かさよりも時間的な豊かさ）を重視する人のほうが、心を満たす活動を優先していて、幸福度が高い傾向にあることが、研究で明らかになっています。それなのに、アンケートでは「やりたいことをやる時間がない」と答える人が高い割合で存在します。自分のやりたいことよりも仕事に時間を割き、家族との時間や友達付き合いといった幸福感につながる活動を犠牲にしたことのある人なら、きっとその言葉に共感することでしょう。

あなたの時間は貴重品です。それどころか、あなたの持っている最も価値ある商品だと言ってよいでしょう。あなたが時間について行う選択は、あなたの幸せに重大な影響を及ぼす可能性があります。私たちはお金の使い方を考えるのと同じぐらい真剣に、時間の使い方を考え、時間をもっと重視するべきなのです。

「効率的にたくさんの仕事をこなそう」という意味ではありませんよ。「良い時間の使い方をしよう」、つまり、**「心地良く感じる活動や、価値と意味を感じる活動、幸せを守る活動にきちんと時間を割こう」**という意味です。

ここからは、時間を貴重品として扱う具体的な方法を紹介していきます。自分にとって有意義な時間の使い方をし、自分の時間とエネルギーを安売りしないようにして、幸せを守れるようになりましょう。

時間を大切に使って
幸せに近づこう

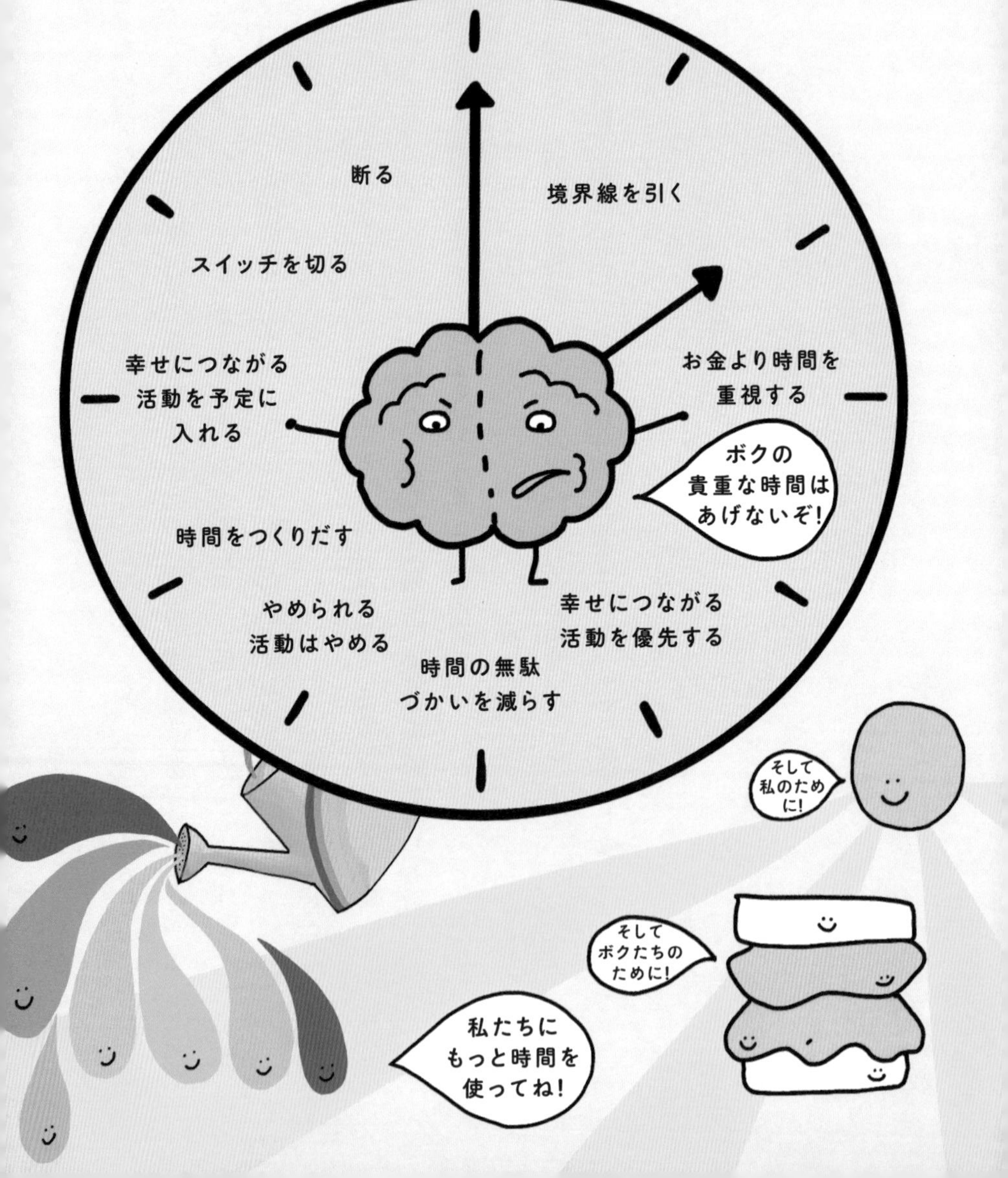

EXERCISE 1

幸せを増やすための時間を確保する

幸せのサンドイッチに入れた活動の時間をどうやって確保しますか？　以下の質問をヒントに考えてみてください。

Q　どの時間ならある程度融通が利きますか？

Q　幸せを増やす活動に時間を割くために、減らせる活動はありますか？

Q

幸せを増やすための時間を確保するために、それをスケジュール化できませんか？

Q

あなたの時間を搾取している、喜びや癒やしにならない活動はありますか？
たとえば、必要以上にスマホやメールをチェックしていませんか？
どうしたらそれを減らせますか？

Q

自分の時間を守るために、境界線を引いたほうがよい部分がありませんか？
（例：働く日を明確にして、それ以外の日は仕事に手を取られないようにする。楽しいことをやるときは、目の前のことに完全に集中できるように、スマホをどけておく）

Q 予定を立てるときの一工夫で、ほんの少し時間を増やせませんか？

（例：事前にベビーシッターを手配しておく。他の人に仕事を割り振る）

Q 無理のない範囲で、時間をお金で買えませんか？

（例：窓ふき、庭の手入れ、事務手続き、アイロンがけなどを外注する）

EXERCISE

2 自分の時間を守るために断る

私たちはときどき、やらない勇気、断る勇気がなくて、やりたくないことをやってしまうものです。それにはいろいろな理由があります。たとえば、「断って相手が気を悪くしたり、がっかりしたりしたらどうしよう」という心配や、「やったほうが自分の価値を証明できるかも」という期待、また「やらないと申し訳ない」という罪悪感などです。

一方で、楽しみなことばかり重なって、全部やりたいのにそんな時間はない、という状況もときどき起こります。断るのはときに勇気がいるもので、私たちは断ったときの影響を恐れてしまいます。相手を怒らせたり、印象が悪くなったりするのではないかと心配して、断るのを避けようとします。

これもやはり信念体系に起因しています。信念体系は「何をするべきで何をするべきでないか」を私たちに伝えて恐怖心をあおるため、断ることを難しくしてしまう場合があります。

昔からの信念が、「提案を受け入れるべきだ」「相手を喜ばせるべきだ」と訴えてくることもあるでしょう。でも**「断る」のも1つのスキルです。**そのスキルを身につけてみれば、実は恐れていたような影響はなく、マイナスよりもプラス面のほうがずっと多いとわかるものです。

断ることができれば、意味のある活動にもっと時間を割けるようになります。自分にとって重要な活動を、断りにくいがために受け入れた活動のすきまに押し込もうとするのではなく、逆に、重要な活動を基準にして幸せのサンドイッチを組み立てられるようになるのです。断るかどうか迷ったら、次の質問に答えてみてください。

自分の最初の反応を理解する

・この依頼を聞いてどんな気持ち？　今何を考えている？
・相手に同意したい、依頼を受け入れたいという衝動にかられている？
・依頼を受け入れざるを得ないと感じている？　それはなぜ？
・断った場合どうなることを心配している？

受け入れるか断るか考える

・これは本当にやりたいこと？

・これを受け入れるのはまったくの不本意、または腹立たしい？

・これを受け入れることは、ウェルビーイングや時間の面でプラスになる？　マイナスになる？

・マイナスになるなら、そのマイナスもやむなしと思える？

・受け入れるか断るか、どちらを選んだほうが自分の価値観や重視するものを大切にできる？

・断ったら何か悪影響がある？

・受け入れたら何か悪影響がある？

・断ったらその分何ができるようになる？

・他の人が同じ状況だったら何と助言する？

決断する

・どんな決断に至りましたか？　もう一度言いますが、断るのは必ずしも悪いことではありません。自分の価値観に近づき、重要なことに時間をささげて、自分やまわりの人を幸せにする、前向きな選択肢でもあるのです。

返事をする

・断った場合、相手の反応は予想どおりでしたか？　恐れていたことは現実になりましたか？　この次断るか迷ったときは、今回の結果が確かな判断材料になるかもしれません。

・依頼や指示へのそつのない返答方法を考え、メールなどに残しておくと、断らないといけないときにすぐ確認できるので便利です。

・断るかどうか決める時間が欲しいときは、時間を稼ぐために次のような言葉を使ってみてください。「予定を確認してからお返事してもいいですか？」「検討したいので、依頼内容をメールで送っていただけますか？」

TOOL 16

幸せを脅かすその他のリスクに気をつける

生産的でありたいという気持ち、スマホなどの気の散るもの、まわりから批判されているという意識は、どれも幸福度を下げる一因です。こうした脅威を認識して管理の仕方を考えることが重要です。

リスク1　生産性至上主義

「忙しい、忙しい！」と私たちは口をそろえ、**生産性至上主義に乗って、「もっともっとたくさんのことをやらなくては」と感じています。**休憩を取ると怠けている気がして、あふれるほどの予定を詰め込み、やったこと（またはやらなかったこと）で自分の価値を測り、自分のニーズをあと回しにし、「立ち止まるなんて許されないことだ」と考えています。

待った待った！　落ち着いて、一息ついて。絶えず生産し続けるのは逆効果です。**手を止めること、立ち止まることが生産性につながると認識しなくてはいけません。**

そんな私も人のことは言えず、仕事を片付けるために昼休憩を抜いてばかり。その行為によって健康や幸せや生産性が犠牲になっていることは忘れがちです。でも、休憩したほうが長い目で見て効率が良いだけでなく、体のバランスが整ってストレスに対処しやすくなります。

「生産を停止する時間」の価値に気づき、その価値にふさわしい敬意を払いましょう。休息は時間の無駄ではありません。健康と幸せのために重要なこと、優先すべきことです。予定に入れるべき、立派な活動なのです。

EXERCISE

1 「生産停止時間」を予定に入れる

私のように休憩を抜くことがどれくらいありますか？　生産停止時間を定期的に挟まないことがどれぐらいありますか？　そういう時間は、予定に入れておいたほうが実現しやすくなります。次のような方法を検討してみてください。

休む日を決める

年次休暇をすべて取るようにします。具体的に日程を組んで、年間の休みが予定されている状態にしておきましょう。

休む時間を決める

予定表に昼休憩とコーヒーブレイクの時間を記入しておきましょう。休憩時間をあらかじめ確保し、他の作業を入れないようにするのです。その時間にどんな方法でリラックスするかを決めておきましょう。

予定を入れない時間帯をつくる

仕事やプライベートで、何の予定も入れない時間を予定表に書き込んでおきましょう（この時間帯に呼び名が必要であれば、キャッチアップ枠や管理枠と呼んでください）。

プチ休憩する

1時間ごとに机から立ち上がります。1日の最後には、振り返りと翌日の計画に充てる時間を入れておきましょう。

呼吸を整える

心身を落ち着かせるために、3回深呼吸して頭をスッキリさせて。その後、次の行動を考えましょう。体の調子が整ってストレス解消にもなります。

「区切り」で休憩を取る

会議と会議の間に一息つく時間を挟みましょう。たとえば、次の仕事に取りかかる前に、少し歩いてみてはどうでしょうか。1日のスケジュールを詰めすぎずに、考える余白を残すことです。いっとき立ち止まる余裕、時間、チャンスを、自分に与えてあげましょう。

顔を上げて外を見る

それだけで簡単に脳を一休みさせることができます。顔を上げ、窓の外の風景や木々、周囲の建物に目をやりましょう。

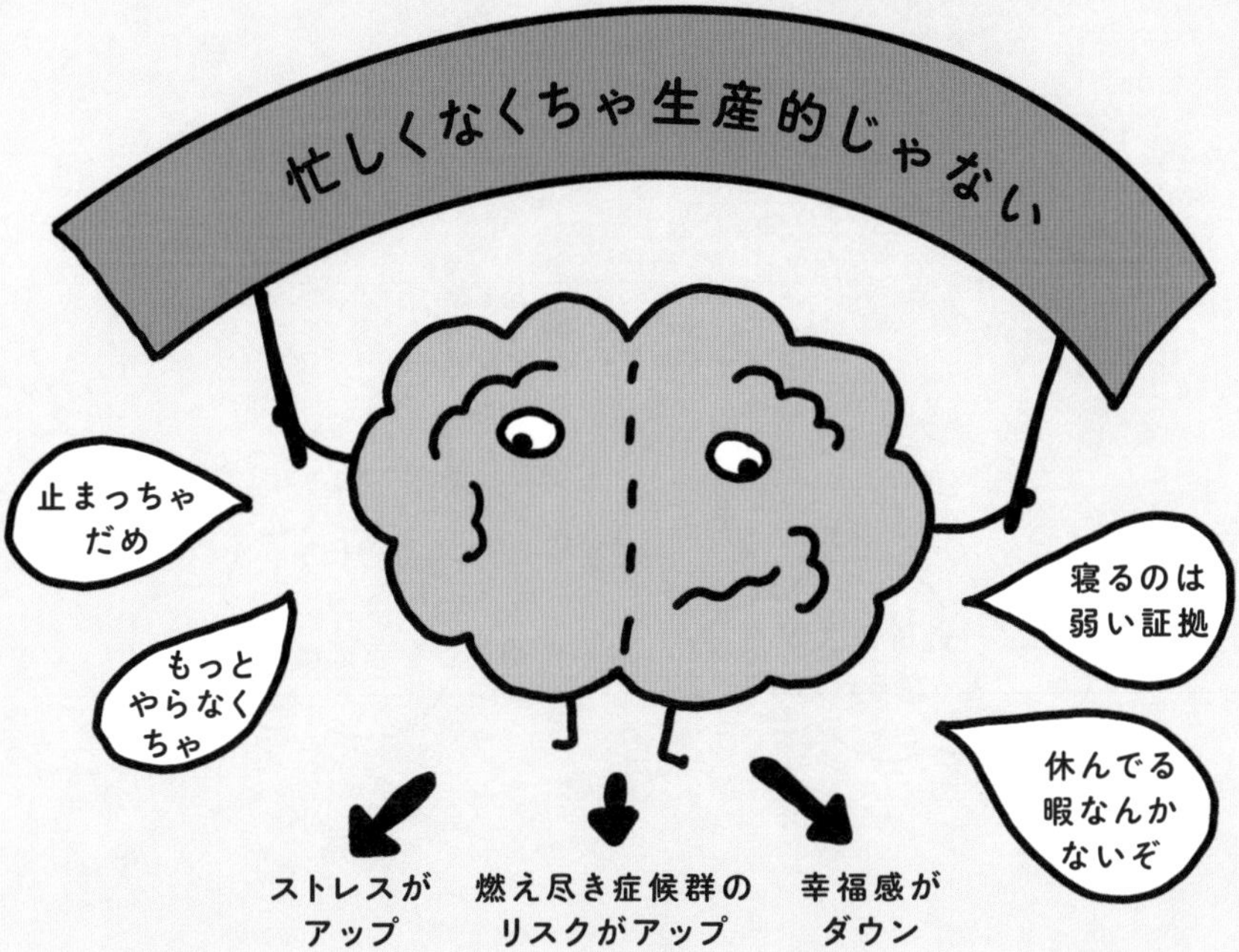
忙しくなくちゃ生産的じゃない
止まっちゃ
だめ
もっと
やらなく
ちゃ
寝るのは
弱い証拠
休んでる
暇なんか
ないぞ
ストレスが
アップ
燃え尽き症候群の
リスクがアップ
幸福感が
ダウン

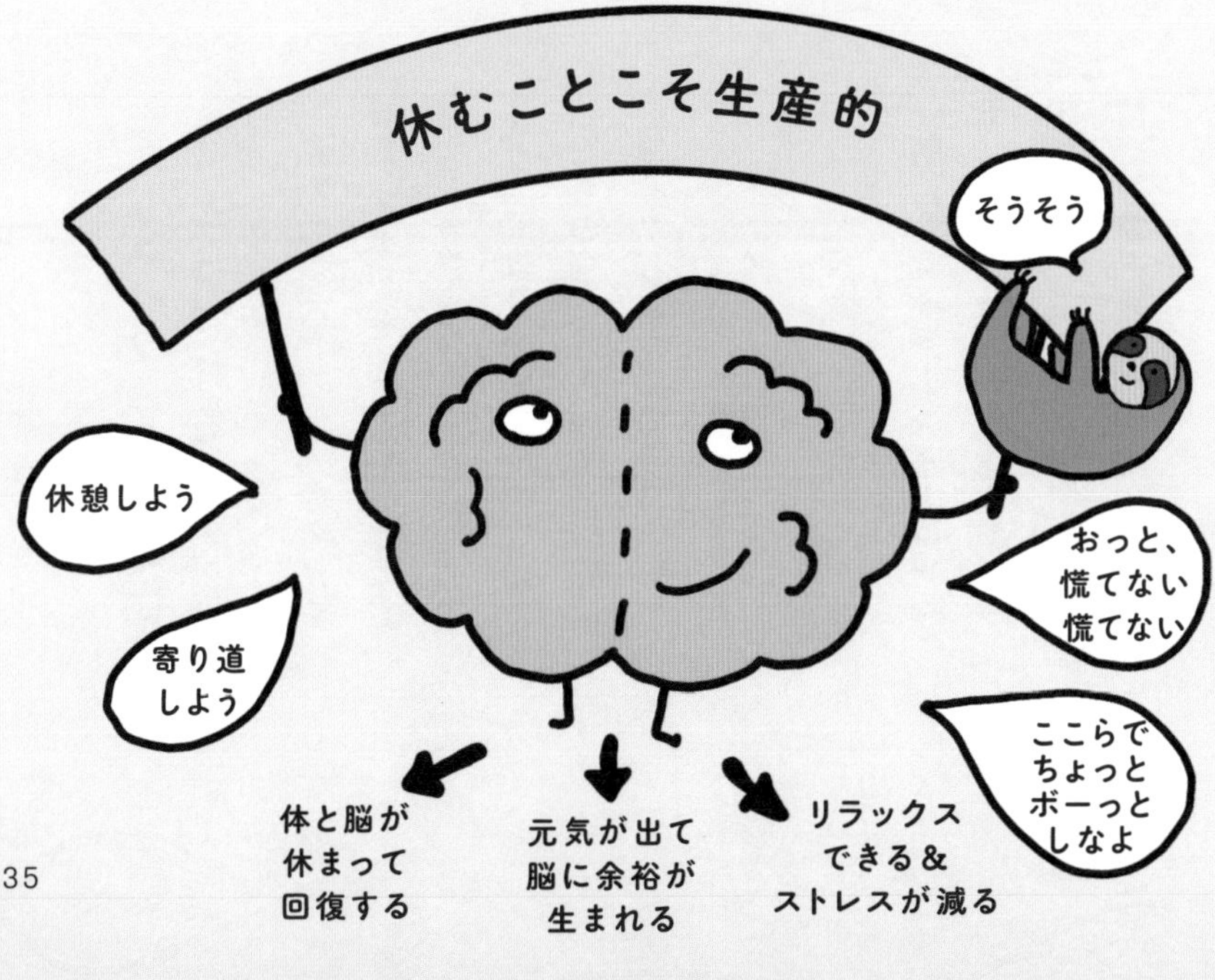
休むことこそ生産的
そうそう
休憩しよう
寄り道
しよう
おっと、
慌てない
慌てない
ここらで
ちょっと
ボーっと
しなよ
体と脳が
休まって
回復する
元気が出て
脳に余裕が
生まれる
リラックス
できる＆
ストレスが減る

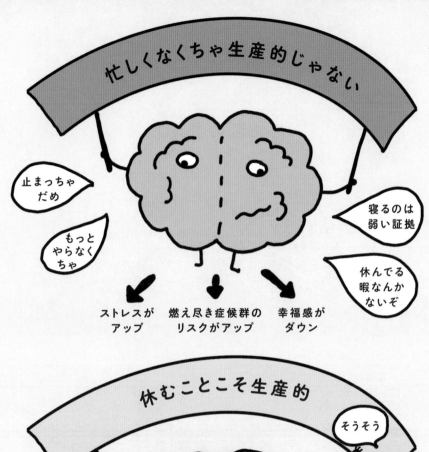

他人軸の考え方

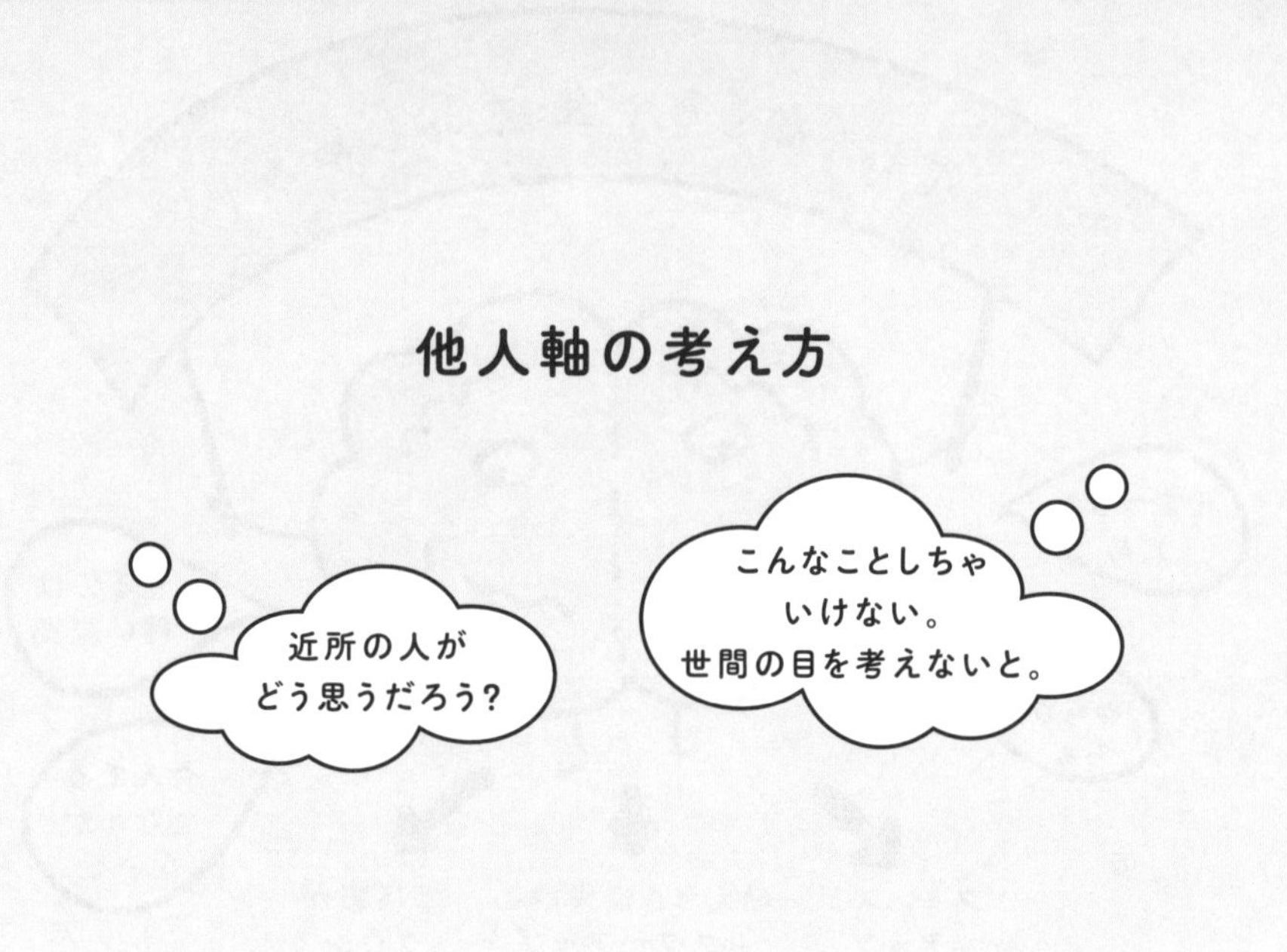
近所の人が
どう思うだろう？
こんなことしちゃ
いけない。
世間の目を考えないと。

リスク2　他人軸にとらわれる

私たちは何かと他人の考えや評価（それが私たちの知覚した評価である場合も含めて）にとらわれがちです。人間は社会的な動物なので、私たちの脳は他人の考えや感情を想像するようにできています（この仕組みは「心の理論」とも呼ばれています）。

脳には**「ミラーニューロン」**という神経細胞があることも確認されていて、これが他人の感情や行動を感じたり知覚したりするのに一役買っているのではないかと考えられています。

他人の感情を想像できるというのは、脳に備わっている重要なスキルです。このスキルのおかげで、私たちは他人とスムーズに交流して社会集団を形成できるし、その結果、心身の安全と繁栄の可能性を高められるからです。

とはいえ、脳の優れた能力すべてがそうであるように、このスキルも裏目に出る場合があります。**どうしても他人の評価にとらわれやすく、批判されていると感じるとやりたいことをあきらめがちなのです。**

でも、その「批判されている」という認識自体が、勘違いである可能性もあります。それなのに、重視すべきでない人の意見や、あまりに多くの人の意見を気にしすぎて、それを自信や自己肯定感と結びつけてしまえば、良い結果にはなりません。自分の大切にしたいことや自分の価値観を軸にするのではなく、他人軸で生きていくことになるかもしれません。

世間は好き勝手に考えるものです。誰一人例外はいません。誰もが自分に見えているわずかな情報で判断をするし、脳のバイアスによって早急な決定を下します。信念体系も脳の判断に影響します。私たちが**「信じていることを見ようとする」**ことは、すでにお話したとおりです。

要するに、他人からの決めつけや批判と無縁でいられる人はいません。そういう批判にふりまわされて幸せのサンドイッチが崩れるのを避けるには、どうしたよいでしょうか？

以前、ぜひお手本にしたい相談者がいました。その男性は脳に損傷を負っていて、まわりからいつも不当な扱いを受けていました。何をするにも世間一般の基準より時間がかかるため、店を歩けば酔っ払い扱いされ、カウンターで注文や会計をすれば舌打ちされ、道路を横断すればクラクションを鳴らされます。

男性はどう反応したのでしょうか？　人々が批判しているのは明らかですから、「批判されているなんて気のせいだ」と言って話を片付けるのは無理があります。だから心の中でこうつぶやきました。**「あの人たちには真相が見えていないのさ」**。人々は断片的な情報と信念を頼りに判断しているだけだと、自分に言い聞かせたのです。

もちろん、批判がまったく気にならなくなったわけではありません。今だって腹が立つことはあります。でも、一歩引いて、**「あの人たちが批判しているのは本当の私ではない。私の名誉は傷つかない」**と言って、**人々の批判と自分の判断を切り離す**ことができたのです。男性は、私がこれまで出会った人のなかでもとびぬけて賢い人です。この男性の言葉はずっと記憶に残っていて、私もときどき使わせてもらっています。

それでは、幸せを守るのに役立つ批判のとらえ方を240ページのフローチャートで確認してみましょう。

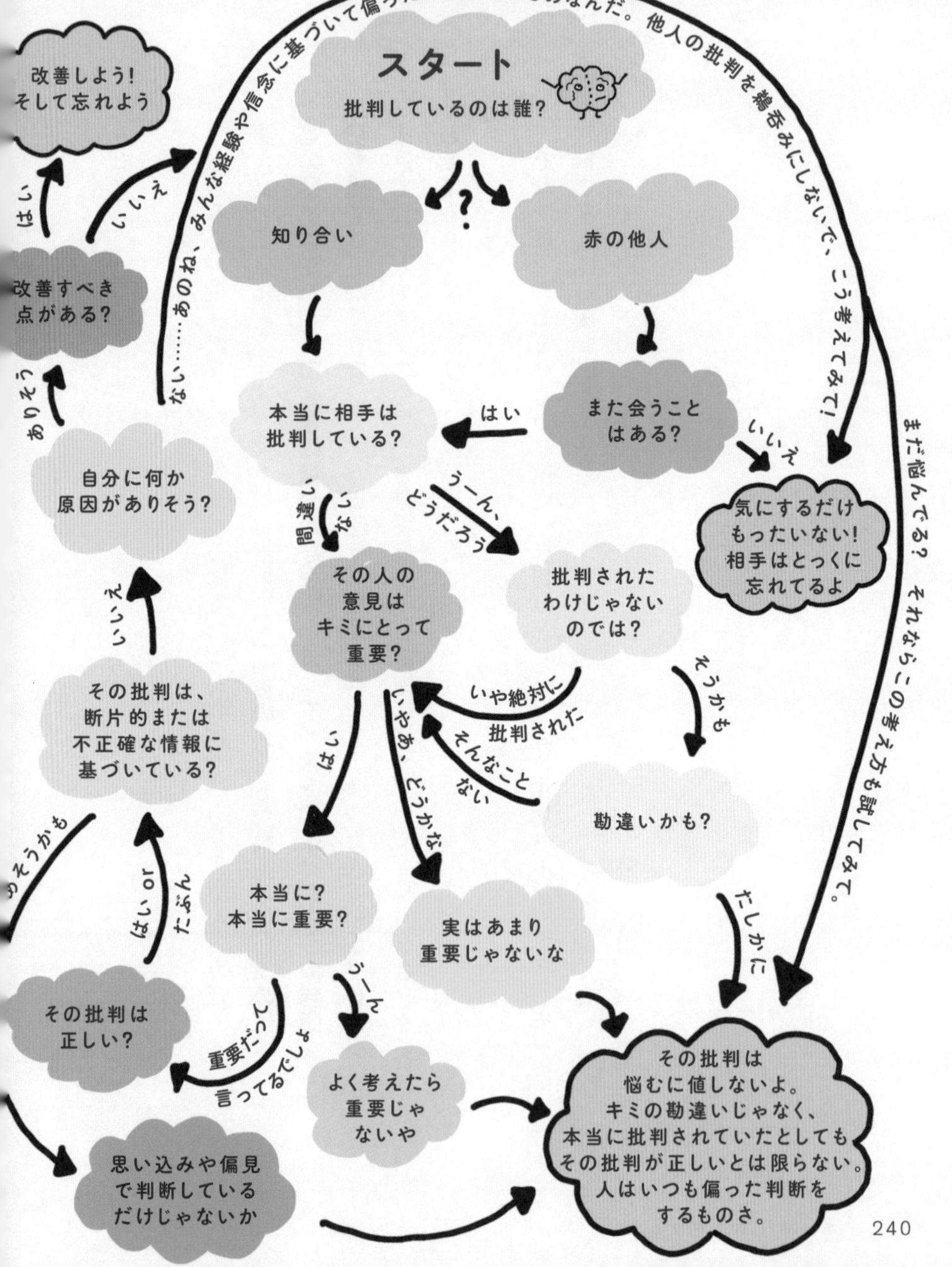

スタート
批判しているのは誰?
?
知り合い
赤の他人
本当に相手は批判している?
はい
また会うことはある?
いいえ
気にするだけもったいない!相手はとっくに忘れてるよ
間違いない
うーん、どうだろう
その人の意見はキミにとって重要?
批判されたわけじゃないのでは?
いや絶対に批判された
いやあ、そんなことない
そうかも
勘違いかも?
たしかに
はい
いやあ、どうかな
本当に?本当に重要?
実はあまり重要じゃないな
うーん
よく考えたら重要じゃないや
重要だって言ってるでしょ
その批判は悩むに値しないよ。キミの勘違いじゃなく、本当に批判されていたとしてもその批判が正しいとは限らない。人はいつも偏った判断をするものさ。
その批判は正しい?
はい or たぶん
あそうかも
思い込みや偏見で判断しているだけじゃないか
その批判は、断片的または不正確な情報に基づいている?
いいえ
自分に何か原因がありそう?
ありそう
改善すべき点がある?
はい
改善しよう!そして忘れよう
いいえ
ない……あのね、みんな経験や信念に基づいて偏った判断をするものなんだ。他人の批判を鵜呑みにしないで、こう考えてみて!
まだ悩んでる? それならこの考え方も試してみて。

リスク3　ソワソワの種

「ねえボクを見て！」「だめよ、私を見てよ！」と、あなたの注目を引こうとするものは何ですか？　考え事の最中にピロリン、ピロリンと鳴ってあなたの集中を妨げ、かまってやらないといけないものは？　読者のほとんどは、テクノロジー――特にスマホやＳＮＳ――を思い浮かべたに違いありません。

気が散ってしまう**「ソワソワの種」**は他にもあるでしょうが、その手のテクノロジーはまさにあなたの注意を引くように設計されています。それでも、注意力は大事にするべきで、ソワソワの種のおねだりや要求にふりまわされて、注意力のコントロールを失ってはいけません。

そこで、ここでは、テクノロジーの持つ「注意をそらす」という特徴にあなたの注意を引きつけたいと思います（そして、できればメールやＳＮＳ、ショートメッセージから注意をそらせますように）。

テクノロジーが幸せに及ぼす影響を調べた研究によれば、食事の席にスマホがあるだけで食事の楽しみが減るそうです。注意力は限られていますから、食事やまわりとの会話に注意を多く割いたほうが、食事を楽しめます。食事でなくても同じです。テクノロジーがあるとさまざまな場面で幸せを味わいにくくなります。

幸せのサンドイッチに入れたい活動に集中できなかったり、絶え間ない通知音で気が休まらないためにストレス反応を起こしたりします。テクノロジーを使うとどうしてもマルチタスクになり、頭に負担がかかるので、その意味でも、ストレスが大きくなります。複数の要求に応じなければならない状況を減らせば、目の前の作業にもっと集中できるし、ストレス反応も和らぎますよ。

EXERCISE 2 ソワソワの種を取り除く

ソワソワの種の誘惑に負けたくないなら、やる気に頼ってはいけません。注意を奪うことに関しては、テクノロジーのほうが何枚も上手です。次からは同じ手

あなたの注意をそぐソワソワの種を取り除こう

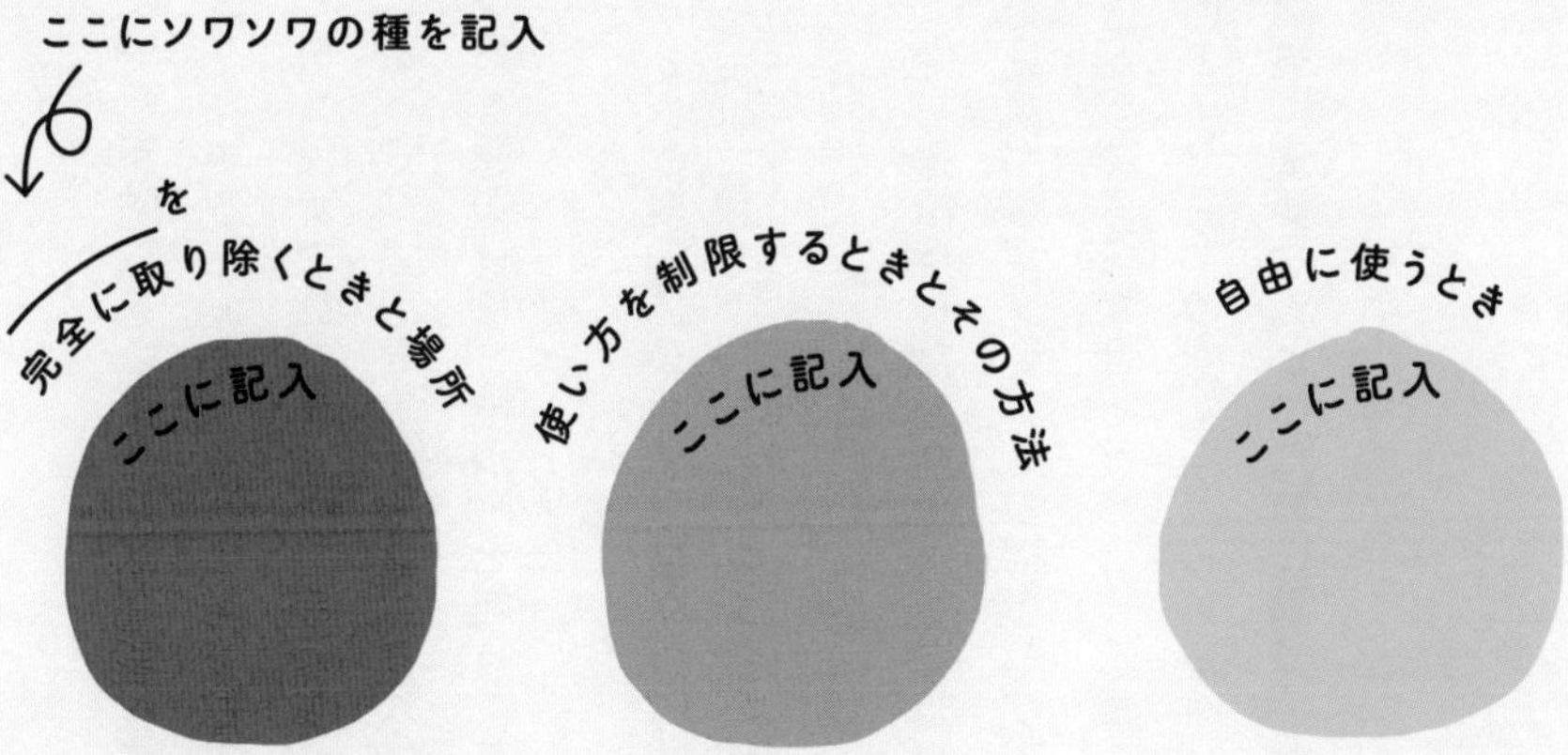
ここにソワソワの種を記入
を
完全に取り除くときと場所
ここに記入
使い方を制限するときとその方法
ここに記入
自由に使うとき
ここに記入

にひっかからないように、とにかく**ソワソワの種を取り除くべきです。**

研究によれば、スマホのある部屋にいると、スマホに気を取られて集中力が落ちます。そのスマホが机の上にあろうものなら、とても無視できないでしょう。

だからいちばんの対策は、スマホをそばに置かないことです。散歩のときはスマホを置いていく。どうしてもスマホを持っていく必要があるなら、できるだけ電源を切る。決めたタイミングでしか触らないように、時間を制限する。仕事のメールをスマホで受信しないようにする——土曜日の夜11時に仕事をするわけではないのだから、仕事のメールをスマホで見る必要がありません。

せめて、切れる通知は切って、ひっきりなしに鳴ってストレスを生み、注意を求める通知音に、幸福感を減らされないようにしましょう。

もちろん、ソワソワの種はテクノロジーの他にもたくさん存在します。ですから今挙げたような対処法は他のソワソワの種にも応用できます。

集中を維持したいなら、やる気や注意力を過信せず、243ページのイラストを見ながら、ソワソワの種を取り除ける場面とその方法、ソワソワの種の使い方を制限できる場面とその方法を考えてください。それぞれの答えがみつかったら種のイラストの中に記入しましょう。あなたが使える貴重な力、つまり**注意力を、本当に重要なことのために取っておきましょう。**

第5章　幸せを実践する

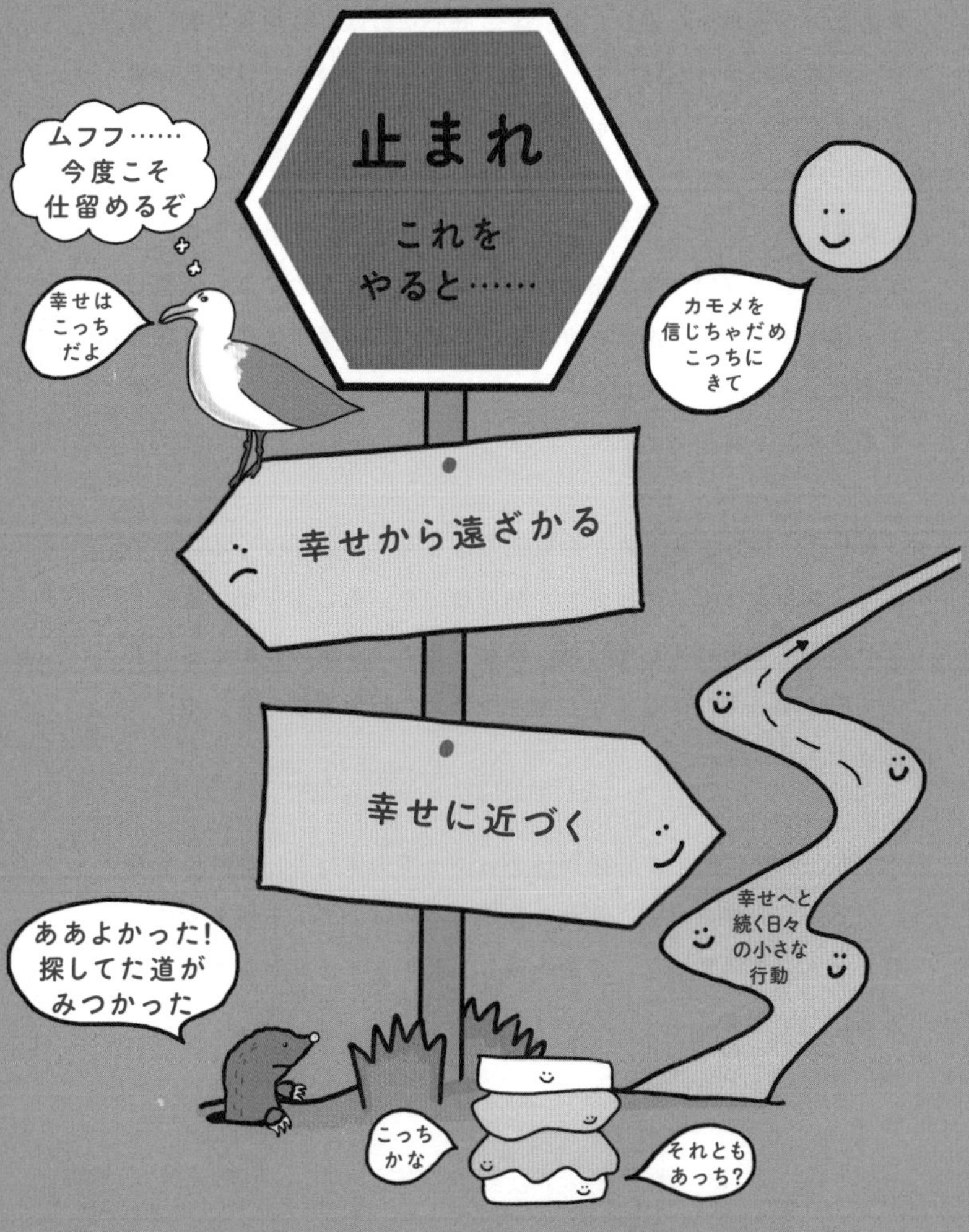
止まれ
これを
やると……
ムフフ……
今度こそ
仕留めるぞ
幸せは
こっち
だよ
カモメを
信じちゃだめ
こっちに
きて
幸せから遠ざかる
幸せに近づく
幸せへと
続く日々
の小さな
行動
ああよかった！
探してた道が
みつかった
こっち
かな
それとも
あっち？

さて、ここまでで、幸せの理論を学び、サンドイッチに入れる具も決めることができました。注意力の効果的な使い方や、サンドイッチづくりに必要な道具、つまり幸せを積み上げるための具体的なコツもわかりましたね。でも肝心なのはここからです。進むべき道がわかっていても、指をくわえて見ているだけで足を踏み出さなければ、幸せは叶わずじまいでしょう。

実際に幸せのサンドイッチをつくって日々幸せを感じられるように、正しい方向へ歩き出さなければいけません。つまり、幸せの理論を実践する必要があります。なぜなら、感情に最も影響を与えるのは実際の行動だからです。あなたが日々どのように行動するかが最も重要です。

幸せは、取り寄せ可能な完成品ではなく、自分でつくるものであり、幸せをつくるのはあなたの行動です。そして行動によって幸せをつくりあげるためには、幸せを遠ざける脳の作用と古い習慣を断ち切って、幸せになりやすい新たな行動習慣を身につける必要があります。

でも、幸せに関する知識をいくら持っていようと、幸せになりたいといくら願おうと、幸せを実現するのは必ずしも簡単ではありません。この章では、行動を通じて長続きする幸せを実現する方法について考えます。

TOOL 17 幸せになれる習慣を身につける

どうしたら幸せになれるかわかったのだから、私たちは幸せになれます。と言いたいところですが、実際はどうでしょう。**どうしたら幸せになれるかわかっても、私たちはたいていその理論を行動に移しません。**そう、効果的なサンドイッチをつくるのに必要なスキルと知識は持っているのに、サンドイッチをきちんとつくって食べるところまではなかなかたどり着かないのです。せっかくのサンドイッチも最後のハードルにぶつかって――実践の段階で――崩れ落ちてしまいます。

私自身もそうです。なぜ私は（人には「休憩を取るほうがストレスが減って能率が上がる」と言っているくせに）パソコンの前で仕事をしながらランチを取り、ランチを取ったかどうかさえ思い出せないのでしょう？　自分のためにならないとわかっているのに、いったいどういうわけでしょう？

この疑問に答えるには、私たちの長年の友達（というよりは友達のふりをした敵かもしれませんが）である脳に話を戻す必要があります。私のように、**悪いとわかっていてもやってしまう――それが習慣の力です。**私も元からそうだったわけではありません。研修医時代に大きなプレッシャーにさらされて（それに、医者の世界ではそれが普通のような雰囲気がありましたし）、時間を節約するためにデスクでランチを取るようになりました。そして、何度も繰り返すうちに、それが習慣として脳に刷り込まれたのです。

私の脳はこの「デスクでランチ」の行動ルートを自動で選びます。それが最もなじみのある、学習済みの行動だからです。私の労働状況に何らかの変化が起き（お腹が鳴る、とかですかね）、「ランチの時間だぞ」という合図が脳に送られると、私はサンドイッチを手に取り、ほとんど無意識にそれをほおばります。そのときの私の脳は、まさに能天気。何も考えずにやっているだけです。

習慣は脳に新たな学習を要求しません。習慣は学習済みの一連の活動として、感覚や運動をつかさどる脳の領域に保存されます。その際、脳は複数の行動を1つの手順としてまとめて記憶するため、合図（お腹が鳴る）によって引き金が引かれると、手順化した行動を次々と自動的に実行し、報酬（ランチ）を獲得します。その報酬により、**学習済みの行動がさらに強化されます。**

こうして、合図があると脳内で連鎖反応が起き、あなたは開始した行動を止められず（または止めるのが難しく）、「ああ、またやっちゃった」と言うことになります（それが脳の初期設定ですからね）。脳は習慣を利用して手間とエネルギーを最小限に抑えているので、**合図があれば初期設定に従って学習済みの行動を選択するのです。**

一方、新しい活動を学習するとなれば、脳は活動の計画を立てて目標を決める必要があります。そのためには、「実行機能」（脳の管理人）がうまく働かなくてはいけません。

つまり、状況を監視し、目標を常に意識し、すでに学習したプロセスの発動を抑え、新たな活動の妨げとなる問題を解決し、「いつ、何を、どうやって実行するか」という計画を立てる必要があるのです。

ふう、聞くだけでも大変そうじゃないですか？　脳が習慣を自動選択したがるのも納得でしょう。では、脳はどうしたら幸せを遠ざける習慣から抜け出し、幸せに近づく習慣をつくることができるのでしょう？

ここからは、幸せに近づく習慣をつくることで、幸せのサンドイッチを理論から実践へ移す方法を紹介します。

幸せに近づく新しい習慣をつくろう

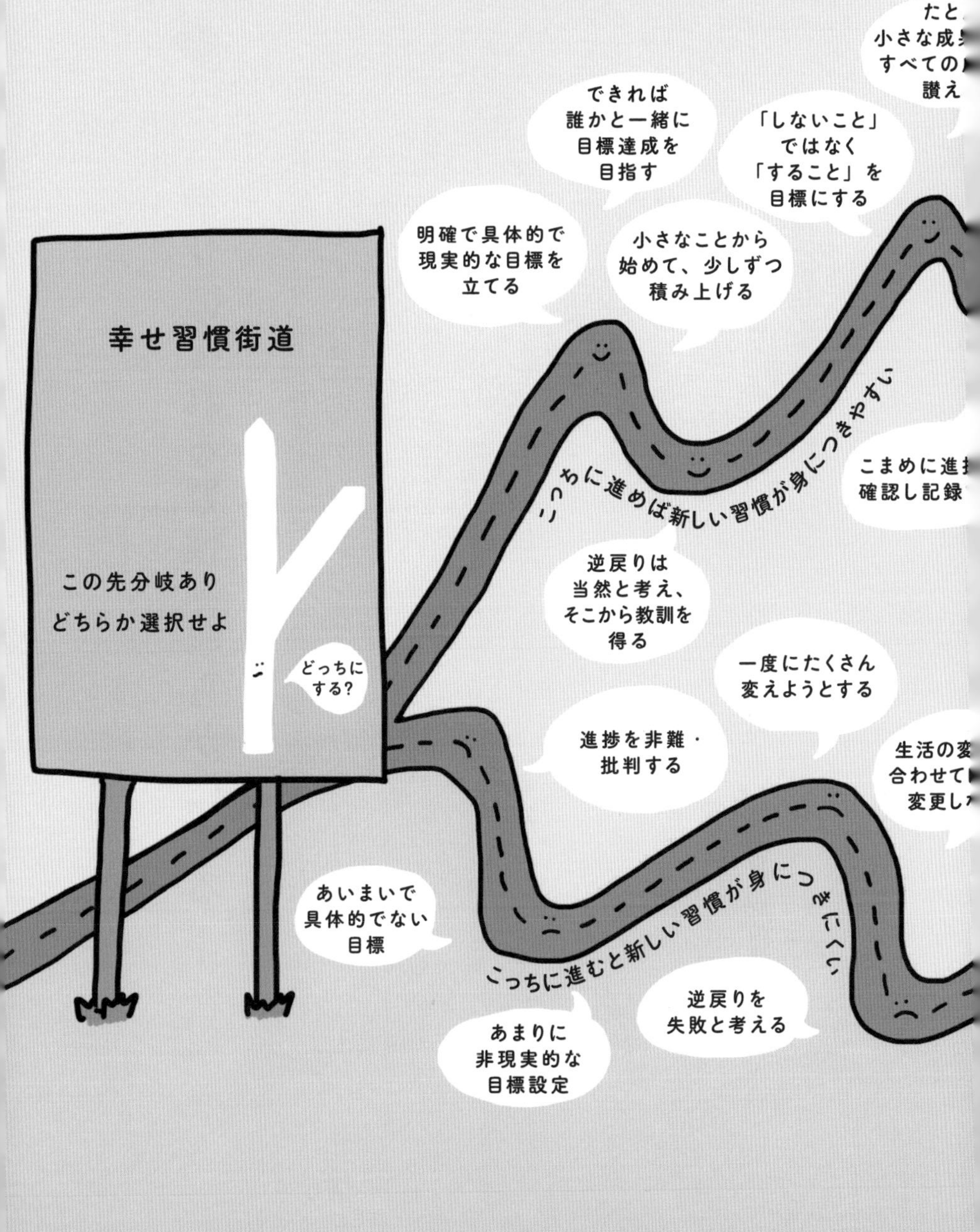

EXERCISE

1　幸せになれる習慣を明らかにする

このエクササイズでは、幸せに近づくには具体的にどんな習慣を身につけたらよいかを考えます。次のステップに従って考えてみてください。

ステップ1　やりたいことは何？

幸せのサンドイッチに入れた具を確認し、その中から、日々の小さな習慣として取り入れたいものを選んでください。次に、その習慣をいつ、どうやって実行するか考えます。

それが難しければ、幸せから遠ざかる習慣、やめたい習慣がないか考えてみて。私と同じで、デスクでランチを取るのをやめて外に出たいと思っていませんか？　やめたいことに注目するだけなく、**「それをやめて、代わりに何をするか」**を考えるのを忘れないでくださいね。

ステップ2　「なぜやるか」をはっきりさせる

ステップ1で決めた新しい幸せの習慣から何を得ようと思っていますか？　その答えに当たるものが、あなたにとって重要なのはなぜ？　その新しい習慣が、104ページのイラストの「ナゼナゼ惑星（あなたの目的）」につながっている衛星の1つかどうか、考えてみてください。

目的を意識したほうが、「初期設定の習慣を乗り越えられるようがんばるぞ」という気力が湧いてくるものです。

ステップ3　具体的に決める

いつ新しい習慣を実行するのか、具体的に何をするのかを決めます。たとえば、「自然とふれあうためにランチタイムに散歩をしよう」のような感じです。

けっして無理な目標は立てないでください。できないことを目標にしてしまうと、習慣として定着しません。だから最初はできるだけ小さな行動から始めて。そのほうが、「実行できる」「繰り返せる」「報酬を得られる」行動になる可能性が高く、この三拍子がそろって初めて、努力の必要な新しい行動が習慣化する可能性が生まれるからです。

くれぐれも、一度にたくさんの習慣を取り入れて脳を追い詰めないようにしてください。そんなことをすれば、脳は音を上げて初期設定の慣れ親しんだ習慣に逆戻りしてしまうでしょう。まずは**「1つずつ取り入れる」**のが基本です。

EXERCISE 2 合図を味方につける

このエクササイズでは、幸せに近づく習慣を確実に実行できるようにする方法を紹介します。

ステップ1　合図を設定する

合図を設定するといっても、私には鳴らしたいときにお腹を鳴らす能力はないので、私がランチタイムの散歩を思い出すには、アラームをセットするといいかもしれません。アラームという合図によって習慣をつくりだし、脳に一連の新しい流れを学習させるのです。

ステップ2　状況を見直す

ある人といると、または、ある場所にいると、ある行動を取りやすい——そんな覚えがありませんか？　習慣はまわりの状況に依存します。だから古い習慣を変えたいなら、状況を変えられないか考えてください。私の例でいえば、「ランチタイムの状況を変えられない？」と考えるのです。

たとえば、ランチタイムをパソコンの前で迎えないように、働き方を調整できないでしょうか？　景色が変われば、状況のもたらす合図によって古い習慣が発動する可能性が減るはずです。

ステップ3　ひたすら繰り返す
最初は努力が必要な行動も、繰り返すことで一連の流れとして脳に記憶され、習慣へと変化します。

EXERCISE

3 報酬をうまく使う

新たな行動の学習は、**脳の報酬系**と関係があります。ある状況で行動して報酬が得られると、その行動と状況が結びつき、さらに報酬と組み合わさることで、その状況になるとその行動が繰り返される可能性が高まります。望ましい行動の発生確率を上げるために、望ましい行動に報酬を結びつけるにはどうすればよいのでしょうか？

実は、特別な工夫をしなくても、行動さえすればたいてい報酬がついてきます。

私の例でいえば、昼休みに外出すれば気分転換になりますから、それが立派な報酬となります。達成感も報酬になります。ちゃんと外に出られただけでやりがいを感じ、またやろうという気になるものです。そこに、「友達に会う」「コーヒーを買う」などの報酬を上乗せすれば、さらにやりがいがアップします。

また、**新しい習慣がネガティブな感情と結びつかないようにすることも重要です。**小さなことから始めるのはそのためです。毎回目標を達成して良い気分を味わえば、継続の可能性が高まります。反対に、無理をして失敗すれば、嫌な気持ちになって、行動が習慣化する前にあきらめてしまう可能性が高くなるのです。

EXERCISE 4

楽にやれるようにする

習慣というのは合図に対する自動的な反応ですから、古い習慣を断ち切りたければ、**古い習慣となっている行動の「自動性」を減らして「摩擦」（自動的に行うのが難しくなるようなハードル）を設けることが大切です。**

私の昼食の習慣を例に取ると、自動性を減らして摩擦を設けるには、サンドイッチを手の届きにくい場所に置いて、デスクにいながら「つい取って食べてしまう」状況をなくすのがよいでしょう。この摩擦によって、「デスクで昼食を取る」という習慣を形成している一連の流れが途切れます。逆に言えば、**新しい習慣をつくるには、新しい行動の「自動性」を高めて「摩擦」を減らせばよいわけです。**

つまり、その行動を最小限の労力で、できるだけ楽に実行できるようにします。先ほどの昼食の例で摩擦を減らすとしたら、すぐに出かけられるように、リュックサックにランチを入れておき、靴も履いておくのがよさそうです。

あなたも、新しい幸せの習慣を身につけるために自動性を高めて摩擦を減らす方法、そして古い習慣を断ち切るためにその逆をやる方法を、考えてみてください。

TOOL 18 幸せになれる行動を取る

幸せのサンドイッチを実際につくって習慣的に食べることに当たるのが、日々の行動です。サンドイッチという、幸せになるための仕組みを完成させても、それを実践しなければ意味がありません。結局、**感情に影響を与え、総合的な幸福感を高めるのは、日々の行動なのです。**でも、ここまでお話ししてきたように、幸せのサンドイッチを日常に取り入れるにあたっては、さまざまな課題が存在します。その課題を、**「押し引き」**の観点から考えてみましょう。

私たちは、どうしたら良い気分になれるかはわかっているのに、それを実行しません。ヨガ教室を予約しておいても、仕事を終えて家に帰ると、ソファーから離れるのが――つまり自分を行動へと後押しするのが――ひどく億劫になってしまいます。

さらに、脳が私たちを目先の報酬へと引き寄せます。ぶらさげられたニンジンは、手に入れたときは最高の気分をもたらしますが、後には嫌な気分を残します。それが幸せのサンドイッチにまぎれたニセの具だとわかっているのに、**私たちは目先の報酬が持つ強い力に引きつけられてしまいます。**

脳は未来の目標に注目します。ほぼすべての人が目標を立てたことがあるはずです。それは新年の抱負だったかもしれないし、仕事やプライベートで達成したい具体的な目標だったかもしれません。意識して目標を立てたことがない人でも、「仕事を終わらせる」「資格を取る」など、何かに向けてがんばった経験はあるでしょう。

有意義な目標を持つことは幸せを感じるのに重要で、それにはさまざまな理由があります。まず、**有意義な目標は私たちに人生の目的を与え、良い影響を生み出します。**さらに、副次的な効果として、**学びややりがい、連帯感や社会的つながりももたらします。**

目標の内容だけでなく、**目標の立て方**も重要です。目標をどのようにとらえて設定するか、目標にどう取り組むかは、幸せのサンドイッチの効果を決める大事な要素で、幸せを形づくる助けにもなれば、妨げにもなりえます。

以上の話をまとめると、すべては決断の問題ということになります。つまり、**やる気が出ないとき、短期的な報酬に引きつけられそうになったとき、どんな決断をするかが大事です。**幸せのサンドイッチを効果的に生活に取り入れることができるかは、私たちの決断次第、ウェルビーイングと幸せにつながる生き方を選べるかどうか次第です。この決断を、習慣や、押し引きの力など、いろいろなものが邪魔します。

なかでも、脳の仕組みと幸福神話は必ず決断に関わってくるので、話を最初に（正確には第1章まで）戻しましょう。幸せに関する信念は、決断に影響を及ぼします。また、脳は予測が下手なので、私たちはえてして幸せをもたらすものを大きく見誤り、幸せに反するような決定をしてしまいます。

次のエクササイズでは、望ましい行動へと「押す力（と引く力）」を増やし、ニセの具の「引く力」を減らして、幸せに有利な決断をする方法を考えます。

EXERCISE 1 幸せに向かう計画を立てる

このエクササイズはとっても単純。でも、その単純さが強みでもあります。行動は、事前に計画したほうが断然実現しやすくなります。だからあなたの幸せの具を再確認し、計画に入れましょう。

生産停止時間をスケジュール帳に記入して。幸せの具を人生のオマケではなくメインとして予定に取り入れてください（だって人生の目的は、結局、幸せになることなんですから）。計画実現の負担をさらに減らすために、何もかも先に用意しておきましょう（行動に伴う摩擦を減らし、自動性を高めるのです）。幸せになる行動を脳ができるだけ楽に実行できるようにしてください。もしヨガを予定に入れたなら、マットなどのジム用品を玄関まわりや車に置いておけば、さがす摩擦で「めんどくさい！」となるのを防げます。

計画を確実に実行するもう1つの単純な方法は、アリストテレスの言う**「第二の自分」**をつくることです。第二の自分とは、要するに、友達や家族や同僚のことです。スケジュールを他の人と共有すれば、計画した活動へと「押す力」と「引く力」が増えるので、キャンセルしにくくなるし、新しい習慣の合図もつくりやすくなります。

たとえば、私の場合、友達に電話をかけてもらうようにすれば、ランチタイムの散歩の確率がぐっと上がるでしょう。では、幸せに向かう計画を立てるにあたって、次のような問いかけをしてみましょう。

Q

私が追加したい幸せの具は？

Q

どうすればそれを予定に入れられる？　自動性を増やして摩擦を減らすには、どんな計画を立てればいい？　第二の自分の協力を得るには？

EXERCISE

2　目先の報酬にご用心

もう一度、あなたがみつけたニセの具や、218ページで紹介したストレスバケツのニセ蛇口に注目しましょう。そのなかで、目先の報酬によってあなたを引きつけるものはいくつありますか？　すぐ手に入って良い気分にさせてくれるものの、長い目で見れば逆効果だとわかっていて、それでも引かれてしまうものはどれですか？

オンラインショッピングやSNSの「いいね」、ファストフードなどなど、脳を気持ち良くさせる目先の報酬のもとはたくさんあります。どれもそれ自体は悪いものではありませんが、目先の報酬の「引く力」が過剰になって、総合的な幸福度が下がってきたときには、そのことに気づけないといけません。

たとえば、その活動によって、後で嫌な気分になった、思ったほど幸せな気持ちにならなかった（新しい洋服の山が増えてかえってストレスになった、など）、あるいは、本当の意味で幸せをもたらす活動の時間が奪われている、といった場合は要注意です。

このような悪影響を減らすにはどうすればよいでしょうか？　**できるだけその活動の摩擦を増やして、自動性を減らしましょう。**あなたのみつけたニセの具にこの方法を当てはめるとどうなりますか？　スマホをどけておく。ネットショップに登録したカード情報を削除する。目先の報酬に引かれるような状況に近づかない。

そうやって自動的な反応さえ抑えれば、あなたを引き込もうとする脳の報酬系の決定に、疑問を投げかけるチャンスが得られます。具体的には、次の質問を使って考えてみてください。

Q

私が用心したほうがいい目先の報酬は……

Q それに対してどんな摩擦を用意できる?

Q 何かに引きつけられていると感じたら、いったん立ち止まって考えよう。この活動は幸せの助けになるか、邪魔になるか、どっちだろう?

やる活動を決めるなら、次のエクササイズも役立ちます。

EXERCISE 3

幸せに近づく意思決定の5つのポイント

「幸せになれるかどうか」を意思決定の基準にしましょう。選択を迫られたら次の5点を検討してください。

1　幸せにつながる要素（幸せの具）は何か

あなたの幸せに貢献する要素を挙げてください。その要素に最もぴったり当てはまる選択肢はどれですか？

2　決定を左右する他の要素は何か

誤った信念に惑わされて、幸せから遠ざかる決定をしようとしていませんか？　誤った信念を明らかにして、幸せの実態と、164ページで紹介した新しい成功指標を再認識しましょう。あなたにとっての本当の幸せ、本当の成功に最適な選択肢はどれですか？

3　**どうしたら幸せになれるかを見誤っていないか**

過去の似たような決定を振り返りましょう。または、他の人に相談すると、脳のバイアスを抑える効果があります。

4　**意味とストレスのバランスは取れているか**

幸せになるには、楽しい活動を選ぶだけでなく、**意味を感じられる活動**（もしかしたら苦しい活動かもしれません）をすることも大切です。とはいえ、それが大きなストレスになって幸せの邪魔にならないように気をつけましょう。

5　**小さなことにこだわらない**

「どの靴を履くか」のようなささいな問題に関しては、研究によれば、あまり考え込むべきではありません。むしろ、**「サティスファイシング」**と呼ばれる意思決定の原則にのっとって、**ベストを追求するよりも「とりあえずOK」な選択をすることです。**

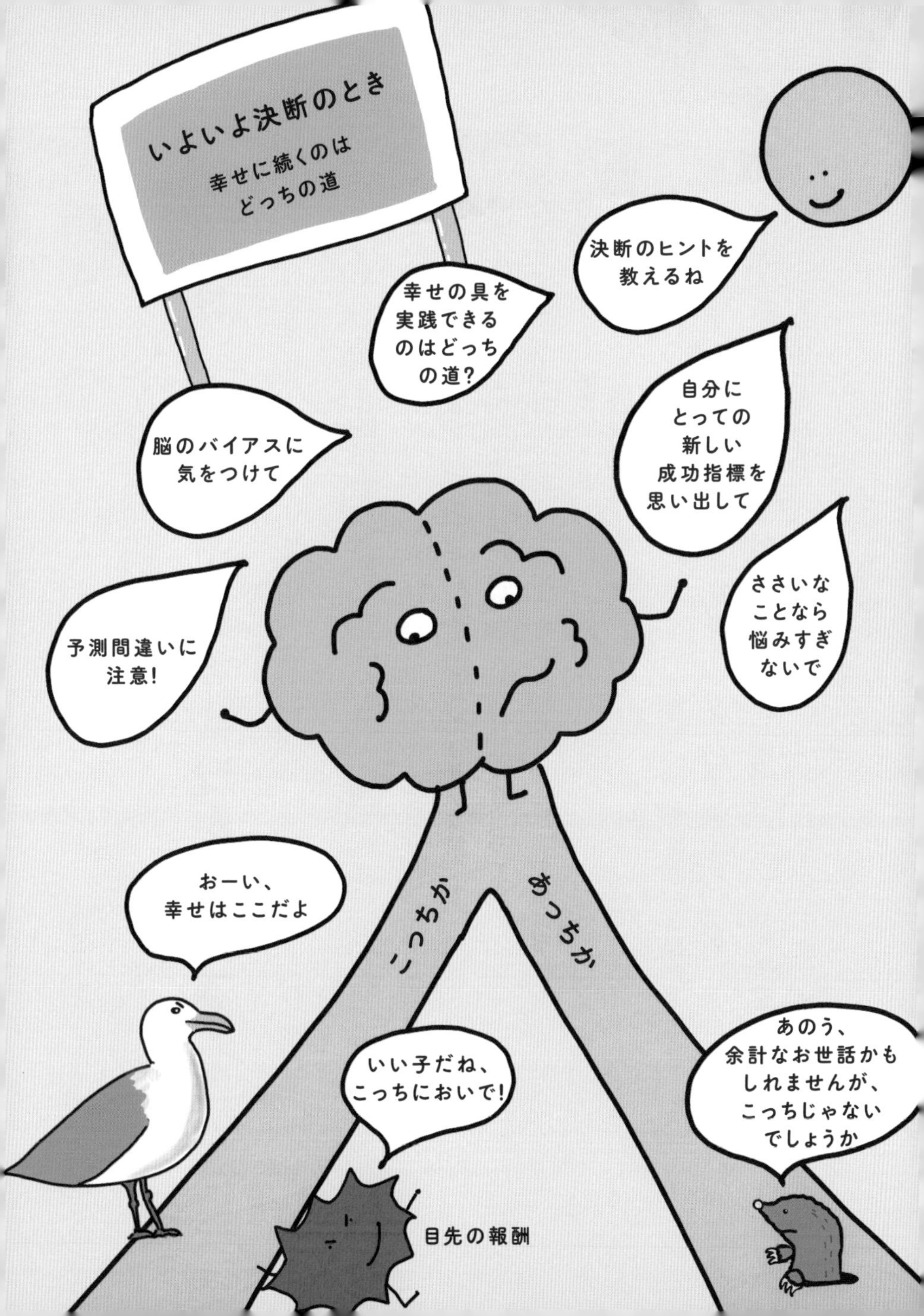
いよいよ決断のとき
幸せに続くのは
どっちの道
決断のヒントを
教えるね
幸せの具を
実践できる
のはどっち
の道?
脳のバイアスに
気をつけて
自分に
とっての
新しい
成功指標を
思い出して
予測間違いに
注意!
ささいな
ことなら
悩みすぎ
ないで
おーい、
幸せはここだよ
こっちか
あっちか
いい子だね、
こっちにおいで!
あのう、
余計なお世話かも
しれませんが、
こっちじゃない
でしょうか
目先の報酬

TOOL 19 幸せになれる状況を整える

インターネットをのぞくと、「幸せは気持ち次第」という言葉から始まる画像や投稿であふれています。たしかに、物事の受け止め方や姿勢は、幸せを左右する重要な要素です。しかし、**それもこれも、すべては状況次第です。**受け止め方や姿勢をどれだけ工夫しても、状況が整っていなければ誰だって幸せにはなれません。まずは、幸せのサンドイッチをきちんと支えるために、幸せになれる状況を整えてあげるのが大切です。

今でも思い出すのが、学生時代にアパートで育てていた、きれいな植物です。ていねいに手入れをしても、いつも元気がありませんでした。というか、何をしようと元気になるはずがなかったのです。その植物が求めていたのは熱帯の気候で、スコットランドにあるすきま風の入るアパートでは、それを叶えてあげることは不可能でした。その植物や自分を責めることもできましたが、現実を言えば、その植物が元気になるには、別の環境が必要だったのです。

状況は人間にとっても同じくらい重要です。物事の受け止め方も大事ですが、すべては受け止め方次第だと考えれば、幸・不幸の責任を個人に背負わせることになります。これは問題です。もちろん、苦境に折れない心を養うことも必要ですが、**そもそも有害な状況にいるときは、状況を変えることも検討すべきです。**

このことは仕事とプライベート両方の状況について言えます。仕事が多すぎて手が回らなくなっている人に向かって、「その程度で参ってちゃだめだよ」と言っても、何の助けにもなりません。

プライベートも同じです。日常的にいじめられている人に対して、「前向きにがんばれば大丈夫だよ」などと言うのは、相手に失礼なだけでなく、ストレスややっかいな感情を生み出して幸せを打ち消してしまう、複雑なシステム的・文化的要因を、多少なりとも相手のせいにしているようなものです。結局、個人に責任を負わせて、さらなるストレスを与えることになってしまいます。

置かれた状況が幸せに大きな影響を与えることを示す研究は枚挙にいとまがありません。たとえば、「緑の空間に出入りできる人は幸福度が高い」や「安心できる協力的な企業文化で働いている人は、精神状態も業績も良い」「差別やいじめにあっている人は幸福度が低い」などの結果が報告されています。**安心できる、尊重されていると感じられる状況にいれば、自然とストレスは低く、幸福度は高くなるのです。**

もちろん、状況を丸ごと変えることは簡単ではないかもしれません。住宅ローンのためにお金が必要で、苦しい労働状況から抜け出せないこともあるでしょう。そのような場合は、**状況の課題を自分の課題と同一視しないことが大事です。**気持ちを整えるには何よりも状況を整える必要があることを忘れずに、可能であれば周囲の人に支援を求め、話し合い、問題を解決してください。

また、**状況に関して自分でコントロールできる要素がないか考えることも重要です。**あなたのサンドイッチづくりを難しくしている要素、サンドイッチへの集中を邪魔する要素、サンドイッチを活用できなくしている要素は何ですか？ 反対に、サンドイッチをつくりやすくする要素、サンドイッチづくりを支える要素は何でしょう？

EXERCISE 1 安らげる空間をつくる

場所や空間には感情をかきたてる力があるので、うまく利用すれば幸せの助けとなります。過去に快適だと感じた空間、体が休まると感じた空間を思い浮かべて。その空間の何がそういう感覚を生み出しているのでしょうか？ 構造や立地など、空間そのものの特性でしょうか？ それとも、その空間にあるアイテムが幸福感をアップさせている？ 居心地のいい空間に入ると、体の「休息と消化」のシステムが作動してストレスが和らぎます。

あなたの周囲にあるものも幸せに影響します。女性を対象とした研究では、生活空間を「安らげて癒やされる」と説明する人は、「散らかっている」と説明する人に比べ、憂鬱や疲労を感じていないことが判明しています。

ものが散らかっていると、ソワソワの種（241ページ参照）が多くなり、適切に注意を払うのが難しくなるため、目の前の作業に集中しにくくなります。自分の家や部屋、仕事場などにいると恥ずかしさや悲しみや落ち着かなさを覚えたり、何となく嫌な気分になったりするなら、その状況を少しずつ変えていく方法を考えてみるとよいかもしれません。たとえば、まずは安らげる空間を1つか2つつくって、徐々にその範囲を広げていくのです。次のポイントに従って始めましょう。

Q 私の空間のどこが幸せに悪影響を与えている？　どうしたらそれを改善できる？

Q 私の空間のどこが幸福感や安らぎや癒やしにつながっている？　どうしたらそれを増やしたり、発展させたりできる？

EXERCISE

2 幸せのカケラを増やす

「何に囲まれて過ごすか」はいろいろな意味で幸せに影響します。あるアイテムは集中の妨げとなり、頭や心の容量を消費するのに対し、別のアイテムはくつろぎを演出し、楽しい思い出をよみがえらせたり、喜びのひと時を提供したりします。たとえば私は植物があると幸せを感じます。心が和むし、手入れも楽しいからです（増えすぎると追い詰められてしまいますが）。

写真も、良い出来事や場所を思い出すのに役立ちます。あなたの1日に、幸せのカケラをちりばめられないか考えてみましょう。アイテムを追加するときは、日常生活を送るうえで、それがどのように幸せに貢献するのか（またはしないのか）を考えてください。

Q 今あるどのアイテムに幸せを感じる？

Q 今の状況に、幸せを感じるアイテムを追加できる？

状況を設計しよう

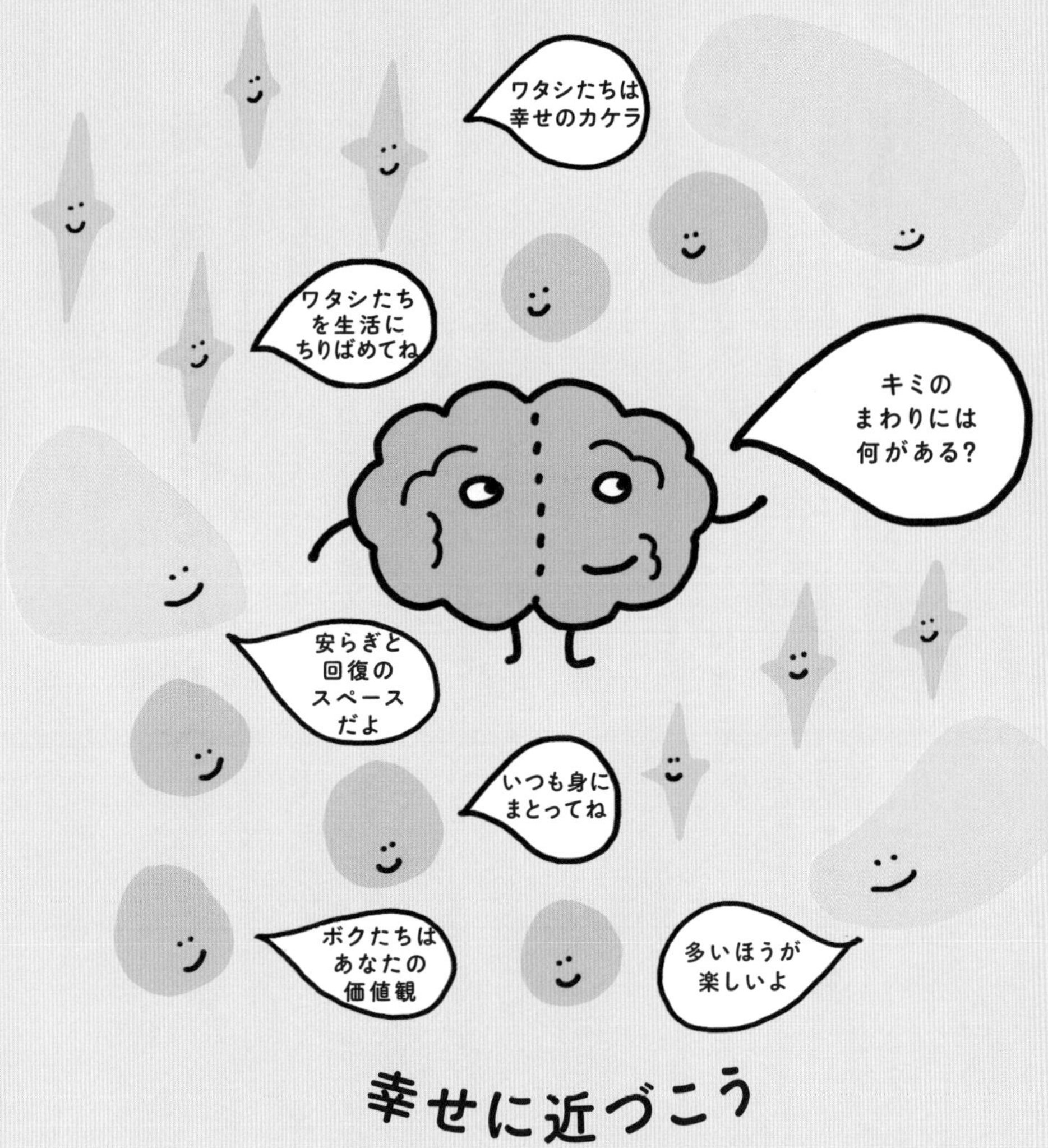

幸せに近づこう

EXERCISE

3　価値観の合う仲間と付き合う

研究によれば、価値観の似ている人たちに囲まれているほうが、心に良いようです。だからといって、何でもかんでも同意するイエスマンでまわりを固めるべきだとは言いません。違う意見を聞いて検討することによって、幸福感が高まることもあるからです。それに、意見や性格、信念が大きく異なる人同士でも、似た価値観を持つことは可能です。そのことを知っておくと、次の2つの点で幸せに有利です。

1　集団の指針となる価値観がしっかり定まっていれば、「同じような原則に従っている」「共通の目標に取り組んでいる」という意識が生まれるため、違う意見の人同士でも協力しやすくなります。他の人の姿勢に不満や苛立ちを覚えたとしても、**共通の価値観を思い出せば、相手の視点を寛容に受け止められるのです。**

2　まわりの人たちの価値観に注目すると、**「どこで誰と過ごすのがいちばん幸せになれるか」**を判断しやすくなります。

何カ月も前、私は2つの職のうちどちらかを選ぶ立場に恵まれました。1つはずっとやりたかった仕事、もう1つは思いがけず飛んできた変化球のような仕事。私は変化球のほうを選びました。

一緒に働くことになる人たちと会ってみて、互いの価値観が一致しているとわかり、その人たちとなら良い仕事ができるし、気持ち良く働けるだろうと思ったからです。その後長い間、「これでよかったんだろうか」「いつか後悔しないだろうか」という思いに悩まされましたが、結果として同じ価値観の仲間たちと働けるようになったのだから、今思えば、その判断は英断でした。

実は、具体的な仕事内容よりも、**周囲から認められていること、安心して発言できることのほうが、仕事の満足度に大きく影響します。**ですから、あなたがまわりの人のどんな価値観を重視するか考えてみましょう。

まわりの人のどんな価値観に安心感や幸福感を覚えますか？

尊敬する人や憧れる人を思い浮かべると、この問いに答えやすいでしょう。

付き合う仲間（同僚や友達など）を決めるときは、どんな価値観を共有したいか考えてください。一緒にいるとエネルギーが湧いてきてがんばれるのはどの集団で、逆に、一緒にいるとエネルギーを奪われて嫌な気分になるのはどの集団ですか？その答えを踏まえて、誰とどのように過ごすかを決めましょう。

第6章　幸せを見失ったら

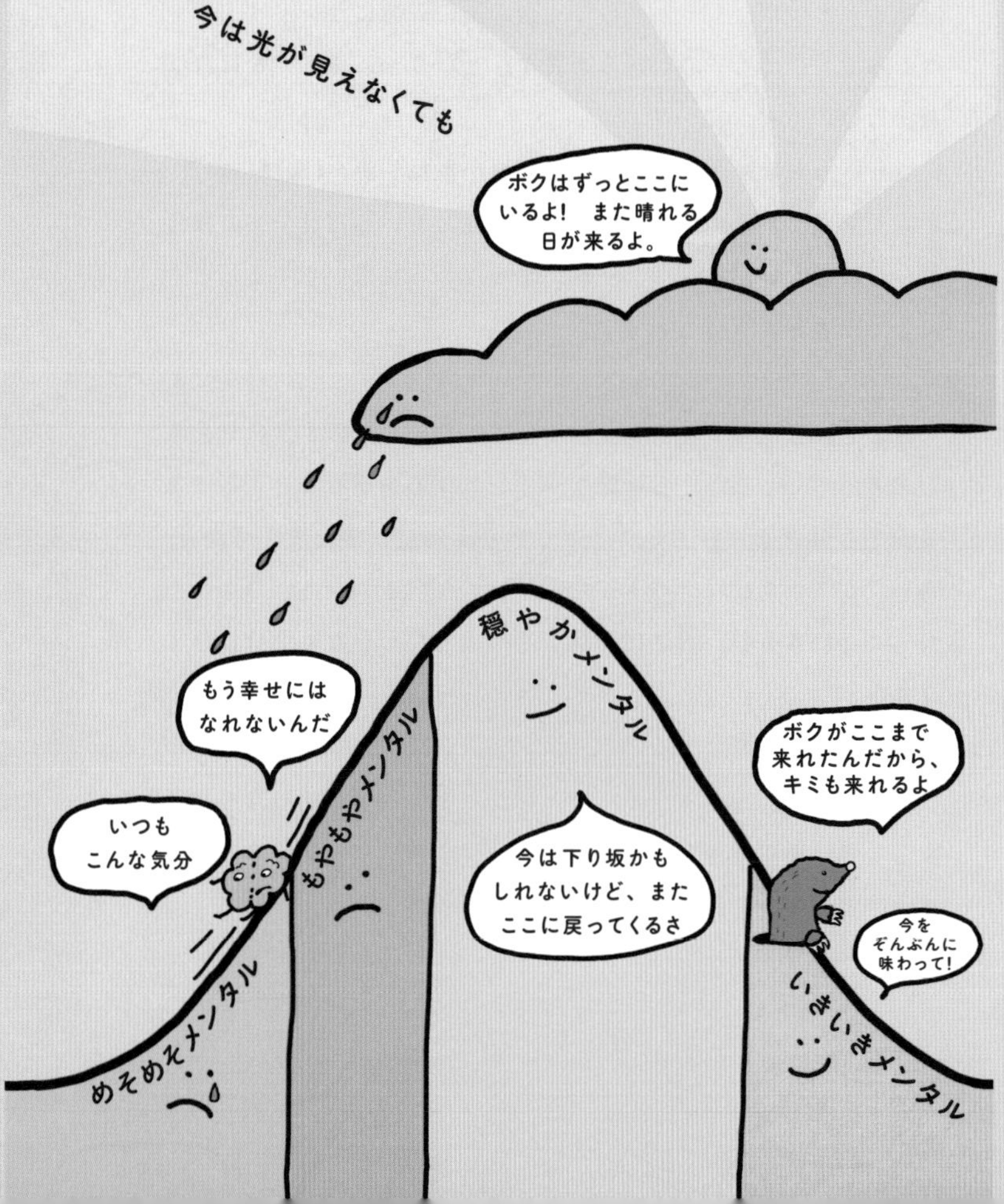

どんな人でも――立派な幸せのサンドイッチのつくり方を熟知している人や、それをきっちり実践する人でも――生きていればいろいろな思いをします。

悲しい出来事や苦しい出来事と無縁の人はいないし、そういう出来事があれば、しっかりした土台の上に入念にサンドイッチをつくっておいても、心が揺らぎます。というか、そうでなければおかしいのです。

つらい出来事があればつらくなるのが当たり前。「苦境にいる」と脳が判断し、苦境にふさわしい反応をしているだけです。残念ながら、苦しい出来事も、それによってつらい思いをすることも、人生では当然起きることです。

あまりにもつらくて、幸せが手に届かないもののように見えるときもあるでしょう。長い間生きていれば心を病むことだってあるかもしれませんし、それはごくありふれた体験です。だから、幸せになるためには、ウェルビーイングを向上させるだけでなく、苦しみに向き合い、適切に対処する術も身につけなくてはいけません。

この章では、人生がうまくいかないとき、幸せが遠い存在に思えるとき、心の健康とウェルビーイングが落ち込んでいるときに、自分で自分をケアする方法について学びます。

TOOL 20 人生が苦しみに満ちているとき

人生には苦しみがつきものですから、私たちは、幸せを増やすと同時に苦しみにも向き合いながら生きていく必要があります。

考えてみれば、**幸せを感じるには悲しみなどのつらい感情が欠かせません。**悲しみという対照的な感情があるからこそ、私たちは幸せを感じたり認識したりできるのであって、そうでなければ、幸せの本当のありがたみにも気づかないのではないでしょうか。

もちろん、この知恵に満ちた考え方は、私の脳から生まれたものではありません。人類が数千年にわたり人生の意味を問う過程で生まれたものです。実際、ほぼすべての宗教が、苦しみを人生の必然と考え、その理屈を説いています。古代哲学のさまざまな流派も、**「悲しみの理解なくして幸せなし」**と考えていました。

現代では、日常的に苦しむような環境は減ってきています。だから苦しい出来事が発生すると驚くかもしれません。でも、**苦しみは今も昔も、やっかいだけれど人生とは切り離せない要素なのです。**

そこを勘違いして、「幸せになれば苦しみから解放されるはずだ」と思って幸せを目指していると、期待外れに終わるし、幸せにもなれないでしょう。過酷な体験をすれば、どんな人でも、たとえば、「明るい」「回復力がある」「ストレスに強い」と自負している人でも、数々の受け入れがたい感情に襲われます。

そもそも、「ストレスに強い人」とは、一般的にイメージされているような、「やっかいな感情に悩まされず、いつでも明るく前向きな人」を指すのではありません。心理学者である私の考えでは、**ストレスに強い人とは、「つらい感情に襲われたときに何をすべきかわかっていて、いずれまた幸せにたどり着けるような考え方や行動を選ぶ人」です。**

でも、大きなストレスにさらされているときの人間の脳は、幸せにつながる道を知っていても、その道を選びたがりません。その結果、私たちは、もっと楽に進めそうな道をたどって、余計に苦しんでしまう可能性があります。

ストレスを受けると脳内でさまざまな変化が起きるため、普段のように状況を客観視したり、普段のような判断力を発揮したりすることが難しくなります。悩み苦しんでいるときに脳が陥りやすいパターンというものがあって、**どうしても脳に足を引っ張られやすいのです。**

ただ、苦しみから抜け出せないときでも、対処法を考えることはできます。困難な時期を乗り切るのに役立つ行動は、長年の研究により明らかになっています。

ときには、ストレス要因が膨大かつ想像を絶するほど過酷で耐えがたいような状況でさえ、それらの行動は有効とされています。その行動を取った人たちが、過酷な状況に打ちのめされなかったわけではありません。当然、一度は打ちのめされました。ただ、もっと悲惨な結末になってもおかしくない状況でそうはならず、とてつもない逆境を乗り越え、再び幸せを感じられるようになったのです。

その人たちの経験を参考に、自分自身が追い詰められたときに心がけるべき行動や考え方を学びましょう。

これからご紹介するエクササイズは、2つのものをもとにつくられています。1つは、「困難な出来事の乗り越え方」をめぐる研究。もう1つは、私が仕事を通じて出会った、多くの驚くべき人々の体験談です。

なんでこんなにつらいんだろう?

だって……

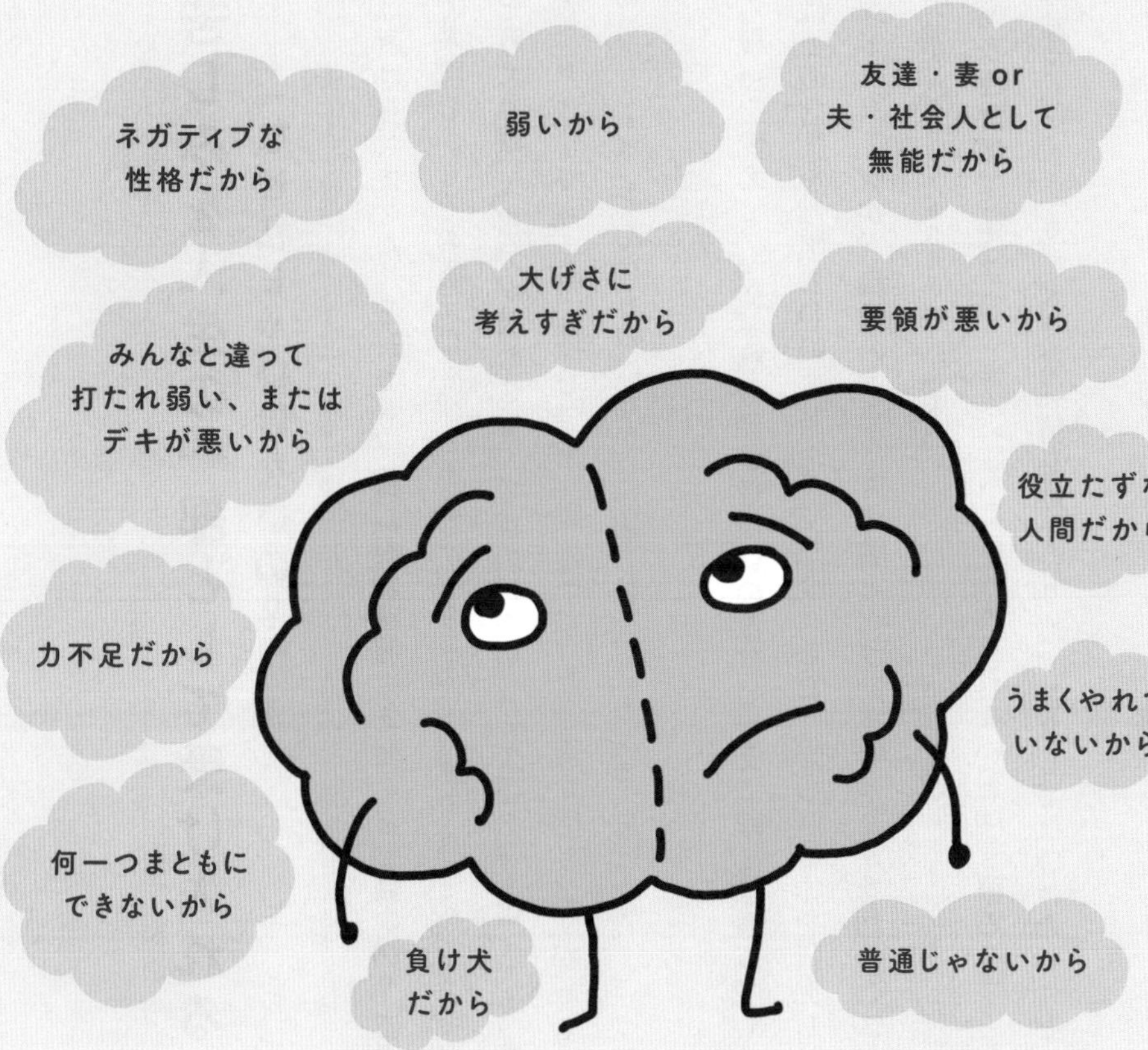

ネガティブな
性格だから
弱いから
友達・妻or
夫・社会人として
無能だから
大げさに
考えすぎだから
要領が悪いから
みんなと違って
打たれ弱い、または
デキが悪いから
役立たずな
人間だから
力不足だから
うまくやれて
いないから
何一つまともに
できないから
負け犬
だから
普通じゃないから

じゃなくて、つらくなるような状況にいるからかな?
それに、生きていれば苦しむのが普通だからかも?

EXERCISE

1 苦しみを人生の一部として受け入れる ——「なぜ私じゃいけないの？」

苦しみは避けられません。それでも、**苦しみに直面すると「なぜ私なの？」と考えがちです。**しかしその答えは必ずしもみつかるものではありません。「なぜ私なの？」と考えれば、「自分が苦しまなくてはいけないなんて不公平だ」という気がしてきて、どうしても「原因探し」や「犯人探し」に意識が向きますが（その結果、自分を責めがちです）、そんなものは元から存在しないことが多いのです。

それなら視点を変えて、**「なぜ私じゃいけないの？」**と考えてみてはどうでしょうか。私はこの言葉を、ＴＥＤのスピーチで知りました。立ち直る力を研究しているルーシー・ホーンが、自身のトラウマ体験とどう向き合ったかを語ったスピーチです（参考文献３２４～３２７ページ参照）。

この言葉の趣旨は、「起きてしまったことは変えられないと開き直ろう」とか「苦しい体験をしてもネガティブな感情を抱いたり怒ったりしてはいけない」ということではありません。**「苦しみと無縁の人はいないと気づいて、自分を救う行動や思考に意識を向けよう」**ということです。

『ダライ・ラマこころの育て方』（そう、私がグラスゴーの錆びた街灯の横で読んだあの本です）で、ダライ・ラマは、「生きている限り苦しむのは自然の道理である」という視点を提案しています。この視点に立てば、被害者意識が薄れ、苦しみを許容しやすくなります。

「苦しみを歓迎できるようになる」などと言うつもりは誰もありませんが、**「苦しみと無縁の人はいない」**という思いは、苦しみを乗り越える糧となるようです。

ですから、今一度180ページのイラストを見て、**「共通の人間性」**を再認識してください。

EXERCISE

2 逆境に意味を見出す

今から説明する考え方は万人受けしないのですが、少しだけお付き合いください。どうやら、私たち人間にとって、失意の中に意味をみつけることは救いになるようです。心理学で**「前向きな適応」**と呼ばれる現象により、**苦しい時期を切り抜けた後は良い変化を実感する人がたくさんいます。**

実際、「逆境を経てまわりの人への思いやりが深まった」「つらい思いはしたけれど、今では何気ない日常に感謝し、自分の時間を大切に使い、前よりもたくさんの幸せを感じているので、起きてしまった悲劇をなかったことにしようとは思わない」という話は私も聞きます。そんなのはハリウッド映画にありがちなきれいごとだと感じる人もいるでしょう。でも、大変な時期を乗り越えた本人から実際に話を聞くと、その言葉にはこれ以上ない真実味がこもっています。

たしかに、逆境のさなかにいて、人生のどん底を味わっているときは、「その体験にも意味がある」と言われても、何の気休めにもならないかもしれません。それでも、**「最悪としか思えない展開が、ときには大きな意味をもたらすし、逆境によって不思議と人生が良い方向へ変わる可能性さえある」**ということは、心に留めておくとよいでしょう。

誰だって苦しまずにすむなら苦しみたくありませんが、たとえ苦しみに直面しても、多くの人は本人が思う以上の強さを発揮し、苦しみを乗り越え、何らかの点で成長を実感します。そしてその成長は、先々の人生に活きてくるのです。

次のエクササイズの目的は、つらい体験や感情を無理やりポジティブに受け止めることではありません。過酷な状況は過酷な状況として、ありのままに認めるべきです。困難な出来事があった直後は、または、その出来事の内容によっては、このエクササイズをやっても良い結果にならないかもしれません。ですから、やるのがつらいときは無理にやろうとせず、今の自分に必要だと感じる場合のみ行うようにしてください。

大変な時期に意味を見出す問いかけ

Q この体験を通して、今後の人生に役立つような学びがあった？

Q この困難が思いがけず良い結果へとつながった？
（可能性が広がった、人生が思わぬ展開を見せて新しい道が開けた、など）

Q 私の体験と知識を人のために活かせない？

Q

この困難をきっかけにつくり始めたもの、やり始めたもので、自分にとって大きな意味のあるものは何だろう？

Q

この体験によって、物事を見る目や姿勢が変わった？　この体験は何らかのかたちで役に立った？

Q

この体験を通して、私にとって本当に重要なものは何か、少しでも気づけた？　その気づきを今後に活かせない？

Q この体験を振り返って、これから先どう生きていきたい？

EXERCISE

3 希望を手放さない

前にも触れましたが、脳は現在の感じ方に基づいて未来を予測します。だから私たちは、今良い気分であれば明るい未来を思い描けますが、今嫌な気分であれば、暗黒の未来しか想像できなくなってしまいます。そのせいで絶望感に襲われ、余計に気分が落ち込んでしまうこともあるでしょう。

そんな脳の設計不良を回避するには、**「今の気分はずっと続くものではない」**ということを、脳に（そして自分にも）思い出してもらう必要があります。脳を希望の兆しに注目させ、希望を捨てずに違う未来を予測するように、促してやりましょう。

希望の意味するものは、個人や置かれた状況によってまったく異なります。だから希望を感じるためには、「いつまでもひどい気分が続くわけじゃない」と再認識するだけでいい場合もあれば、過去の大変な時期をどう乗り切ったか振り返ったほうがよい場合もあります。

楽しかった時期の写真を見る、他の人に今の気持ちを聞いてもらう、心の支えになる言葉を聞く、などが有効な人もいるでしょう。咲き誇る春の花や、子どもの笑い声などの小さな幸せに気づくことも、希望になるかもしれません。特に、**夢にも思わなかった前向きな変化を体験した人たちの話を聞くと、効果てきめんです。**

たとえば、小説家のマット・ヘイグや、メンタルヘルス運動家で作家のジョニー・ベンジャミンは、人生のどん底を味わった体験をいろいろな場で語り、最悪のときに希望を持ち続けることの大切さを伝え続けています（参考文献324〜327ページ参照）。

脳が参っているときに希望を持つのは難しいことですが、とても重要なことでもあります。左のページのイラストを見ながら、**あなたの置かれた状況ではどんなかすかな希望をつかんでおけそうか**を考え、答えを記入してください。

希望をしっかりにぎろう
また戻って
くるからね
HOPE
あなたの
持っている希望を
吹き出しに
記入しよう

TOOL 21 幸せをつかめないとき

「はじめに」で紹介したウェルビーイング曲線に話を戻しましょう。いくつか区分があったことは覚えていますか？ その区分は、人々が違うグループに属していることを表しているのではなく、さまざまな人の、**ある一時期の状態**を表しています。

誰でも、いつでも、区分を移動する可能性があります。あるときは「いきいきメンタル」にいても、その後、「もやもやメンタル」や「めそめそメンタル」に落ちるかもしれません。

この本ではここまで、幸せを増やす手段に注目し、それを日常生活に取り入れてウェルビーイング曲線を登る方法について考えてきました。でも、ウェルビーイングを十分に理解し、その改善に向けて行動するには、曲線全体を視野に入れる必要があります。自分には関係ないかのようなふりをして、下のほうを無視するわけにはいきません。だって、その部分は、全員に関係があるのですから。

「自分には関係ない」とあなたがこのセクションを読み飛ばしてしまう前に、「あなたにも大いに関係ある」と言える理由を説明させてください。いちばん下の区分「めそめそメンタル」は、まれな状態、それどころか異常な状態と思われがちです。

では、実際のところ、めそめそメンタルはどれくらいの人がなるものなのか考えてみましょう。**「4人に1人は精神衛生上の困難を体験する」**という統計結果が頭に浮かんだ人もいるかもしれませんね。4人に1人でも十分多いような気はしますが、本当にそれだけでしょうか？　調査対象者の中には、精神状態は悪くても診断基準を完全には満たさない人や、偏見の対象となる恐れや恥ずかしさから、症状を過少に申告する人がいます。その他諸々の理由から、一般的な調査では、めそめそメンタルに該当する人を完全には拾いきれないのが実態です。

人の一生を追跡した長期的な研究では、めそめそメンタルに該当する人の割合は、**4分の1どころではなく、60%以上**であろうとの結果が出ています。
ニュージーランドのダニーデングループの研究では、さらに高い数字が出ていて、80%――場合によってはそれ以上の人が、一生に一度は精神衛生上の困難を体験するといいます。これはとても高い割合です。

この数字を見れば、めそめそメンタルという心の不調を、異常な状態と言うのはかなり無理があるようです。むしろ、**心の不調は、多くの人が生涯に一度は体験する、ごくありふれた体験で、共通の体験だと言うべきでしょう。**

では1つ上の区分「もやもやメンタル」はどうでしょうか？　『ニューヨーク・タイムズ』紙の記事で、心理学者アダム・グラントは、もやもやメンタルを「うつ状態（めそめそメンタル）と充実状態（いきいきメンタル）の間にある空虚な状態、ウェルビーイングの欠如した状態」と説明しています（参考文献324〜327ページ参照）。

この、もやもやメンタルに一度も陥ったことがない人を探したとして、みつけられるものでしょうか？　無理に決まっています。だからこそ、この記事は多くの共感を呼び、世界中で数えきれないほどシェアされたのです。

結論を言いましょう。一生に一度は過酷な時期を体験する人が多いのですから、**「苦悩するのは、異常どころか、むしろ普通」だと考えるべきです。**もちろん、心の病気には複雑な要因が絡んでいますから、その改善策を提案することはこの本のねらいをはるかに超えています。

ひとくちに「精神衛生上の困難」と言ってもいろいろなタイプがあり、その原因や誘因、引き金、症状は個別のものであり、指紋のように一人ひとり異なると言っても過言ではありません。それなら治療法は個人に合わせて変えるべきだし、効果的な治療も人によって異なるはずです。

ただ、この本でもいくつかお伝えしておきたいことがあります。第一に、**自分の心の状態を理解することが大事です。**不調に早めに気づき、必要に応じて悪化する前に改善策を打てるようになるからです。

心の状態を理解すれば、もう1つ重要なこととして、支援が必要なときに気づけるようになります。一般的な目安として、つらさを感じていて、そのせいで日常生活に支障が出ている、かつ（または）、そのつらさが2週間以上続いているなら、支援を検討するのが良いようです。

今は、心理学的アプローチ、精神療法的アプローチ、薬物療法、社会的療法、運動療法など、幅広い治療が受けられます。そうした支援の種類と利用方法を前もって知っておくと、いざというときに大きな武器になります。気分の安定しているときにその知識を身につけておけば、状態の悪いときに、消耗しきった頭を無理やり働かせて支援先を調べる必要もありません。

第二に、精神衛生上の困難を引き起こした具体的な原因は必ずしも特定できるわけではありませんが、間違いなく言えるのは、精神疾患になるのはあなた自身に欠陥があるからでも、あなたの考え方や行動が間違っているからでもありません。程度の差はあるにしても、**誰もがそういう困難を経験するのです。**

第三に、苦悩したり落ち込んだりしているときの脳は、あなたの友達でもなければ、おそらく敵ですらありません。これは私の持論ですが、めそめそメンタルのとき、そしてストレスや負荷が大きくなったときに、脳が逆効果なことばかりするように見える原因は、**脳の設計不良にあります。**

心の状態が悪化すると、脳にいるネガティブ思考の忍者が過活動モードになり、ネガティブな事実が存在しないときでさえ、何もかもをネガティブな要素として拾い上げます。脳を仕切っていた、まともな分別のある管理者や経営陣はクビになってしまうので、状況を把握する、解決策を出す、適切な面に注目する、自分の思考を客観的に眺める、といったことがすべて難しくなります。睡眠や食欲といった「基本」さえ失われます。脳のこのような仕組みを理解したからといって、この仕組みから逃れられるわけではありません（この設計不良はすべての人の脳に先天的に組み込まれていますから）。でも、この仕組みが発動したときに気づけるようになります。そして気づけるようになれば、事態にただ流されるのではなく、対処できるという意味で、有利になるのです。

第四に、苦悩している脳に、これ以上ややこしいことをさせるのは禁物です。そうでなくとも、脳はすでにいっぱいいっぱいなのです。精神状態が悪いときは、最も基本的な判断をすることさえ重労働に感じるでしょう（なにしろ脳が経営陣をクビにしてしまいましたからね）。そういうときは**何事もシンプルにして負担を減らすのが最善策です。**

ここからは、脳が参っているときでも（もちろん、そうでないときも）無理なくできるシンプルなウェルビーイングの改善法を紹介します。

EXERCISE

1 自分の現状を知る——メンタルヘルス山

308ページのイラストを見ながら、ウェルビーイング曲線の各区分のサインをみつけましょう。いきいきメンタルのときはどんなサインが現れますか？　もやもやメンタルにいるときのサインはどうですか？　これは一度きりの作業ではなく継続的に学んでいくことでもあるのですが、まずは自分の現状を知るために、各区分のサインを明らかにしましょう。

太陽と風は、それぞれ、山を登る力になるもの（ウェルビーイングに良いもの）と、山から下る原因（ウェルビーイングに悪いもの）を表しています。各区分のサイン、山を登る力、山から下る原因、この3点を把握すると、心の状態やウェルビーイングが悪化してきたときに手を打ったり、支援が必要なときにそのことに気づいたりしやすくなります。

サインを考えるときは、215ページで紹介したストレスバケツでやったときのように、思考面、感情面、身体面、行動面に分けて考えてみるのもおすすめです。

メンタルヘルス山

心の健康に注意して、悪くなる前にケアしよう

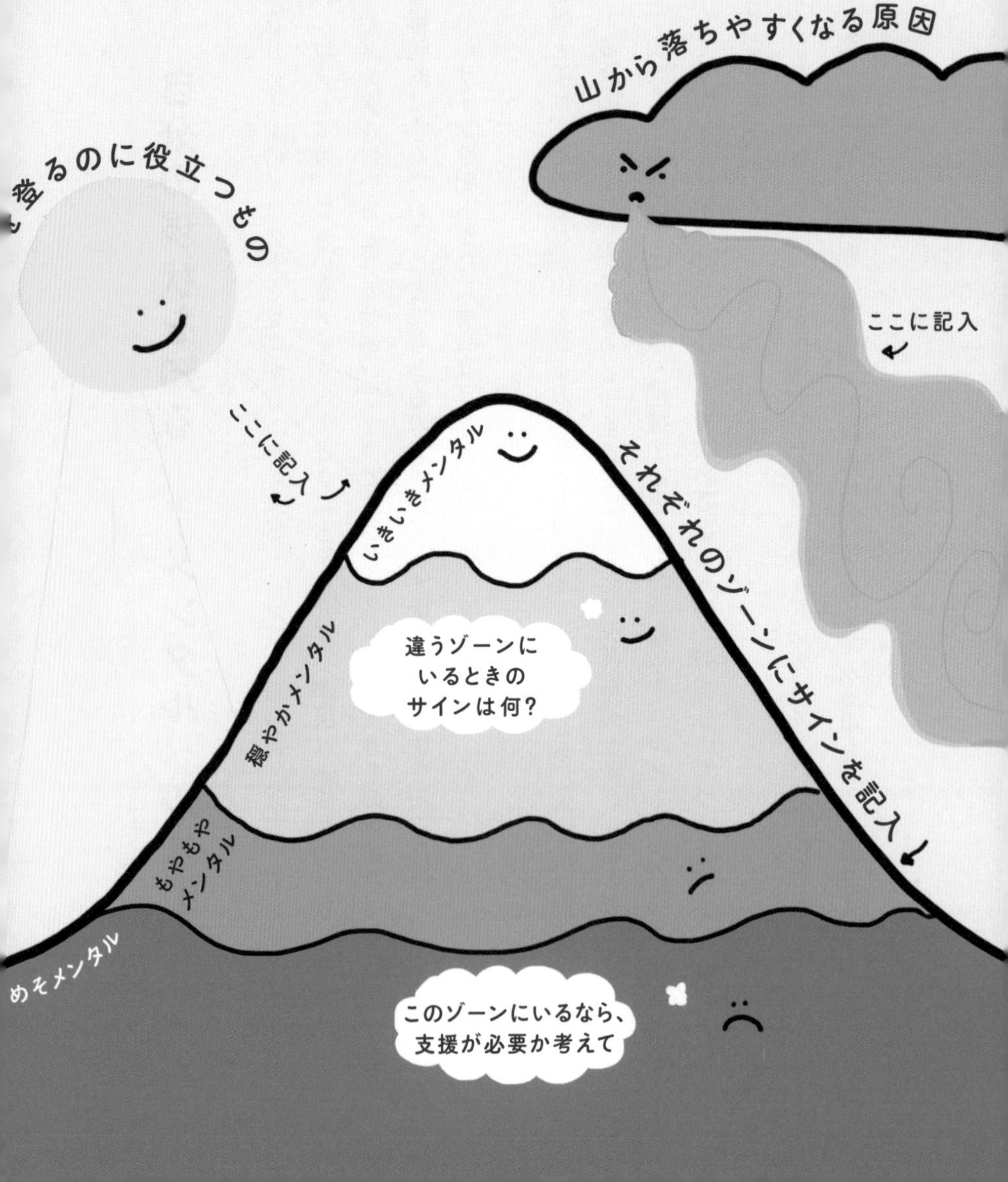

EXERCISE 2 「自己差別」を防ぐ

あなたは嫌な気持ちになったときに自分に差別的な言葉を投げかけることがありますか？ 「こんなふうに感じるべきじゃない」と自分に言い聞かせたり、内なる批判者を野放しにしたり、自分の感じ方を「情けない」「弱虫」「異常」などのあらゆる言葉でけなしたりしていませんか？

そんなときは、自分を思いやることがあまりに難しく、理性的な判断は不可能に思えるものですから、**ちょっとしたきっかけをつくるのがベストです。**「情けない？ 異常？ そんなのはウソっぱちだ」と思い出せるような、言葉やエクササイズなどを用意しておきましょう。

たとえば、覚えておきたい言葉をスクリーンショットで撮っておく、いろいろな人からもらった優しいメッセージを1ページにまとめておく、役立つ記事や動画などをすぐ見られるようリンクやブックマークを保存しておくなどしてはどうでしょうか。

前にも紹介した、タラ・ブラックのＲＡＩＮ式瞑想をやると、「苦しむのは普通のことなんだ」だと思い出せるし、自分への優しさと理解を促せるのでおすすめです（参考文献３２４〜３２７ページ参照）。

「嫌な気分になるのは普通のこと」という事実を再確認したいときに、私がもう１つ好んで使っているのが、ジャーナリストであるブライオニー・ゴードンの次の言葉です。「昔は、嫌な気分になるなんて私はおかしいんだ、どこか普通じゃない、と思っていました。でも今は、嫌な気分になるのが何より普通だとわかっています」

EXERCISE

3 これは自分のためになる？ それとも害になる？

心が弱っていると、脳が良くない方向に自動的に引きつけられるので、余計につらい思いをするという悪循環に陥りがちです。それを防ぐとっても簡単な方法があります。

何かをやると決める前に、**「これは私のためになる？　それとも害になる？」**と聞いてください。そして、自分のためになるものを増やし、害になるものを減らすようにするのです。

このイメージを完璧に再現していると思うのが、先ほども名前を出したブライオニー・ゴードンが考案した種火の比喩です。313ページのイラストを見ながら、老朽化したボイラーの種火を想像してください。何かをするときに、次のように問いかけます。「これをやったら、私の種火は勢いを増す？　それとも消えてしまう？」種火を燃やす行動を選び、消す行動はやめておきましょう。

これだけ簡単でらくちんな問いかけなら、脳が弱っているときでもできます。特に弱っていないときでも、普段の意思決定にこの方法を取り入れて、幸せとウェルビーイングに役立てるのもよいでしょう。

あなたの種火

（考案：ブライオニー・ゴードン）

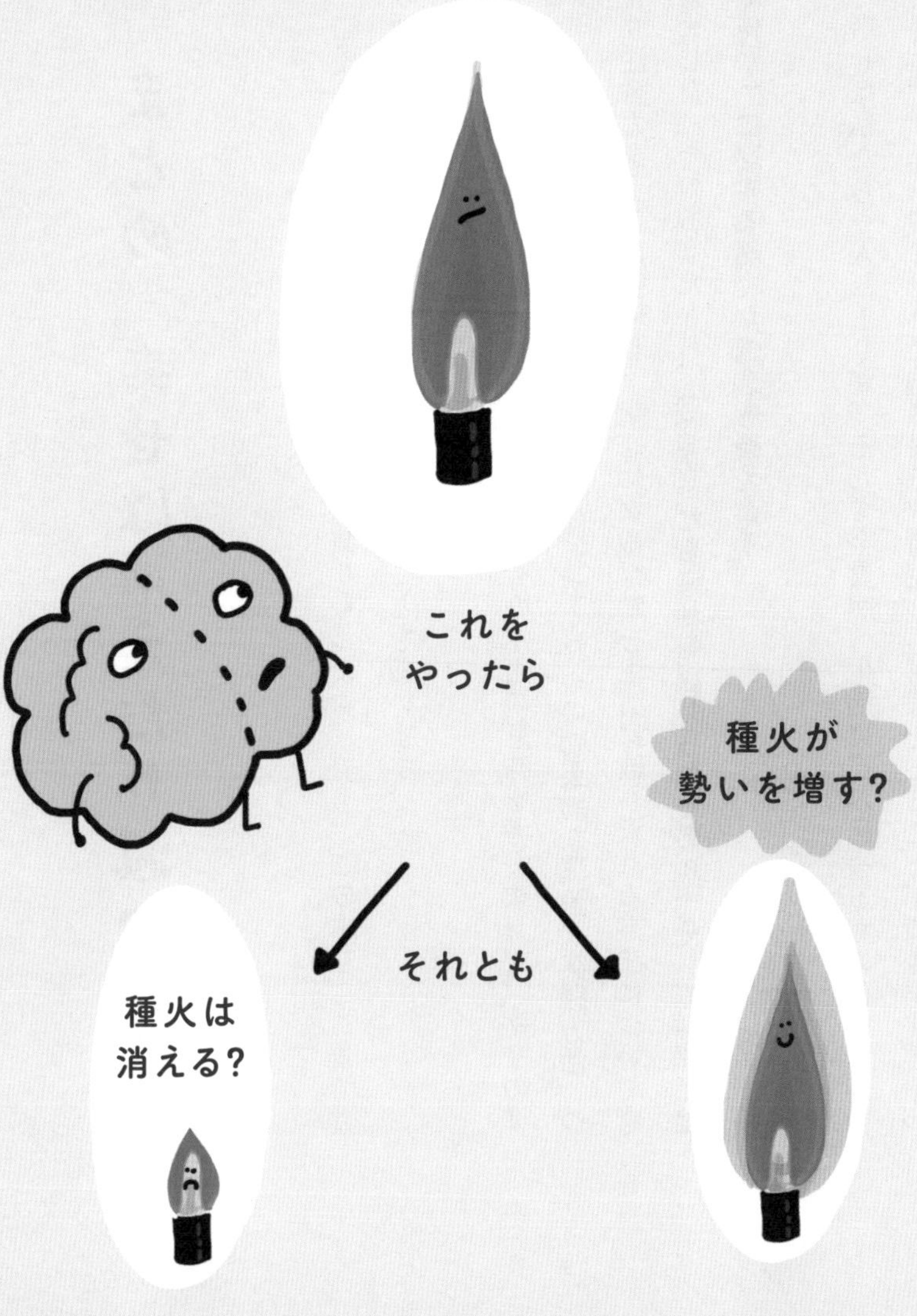
これを
やったら
種火が
勢いを増す？
それとも
種火は
消える？

まとめ　幸せは増えたり減ったり

結局のところ、幸せは増えもすれば減りもします。でも、この本をここまで読み通した今、あなたの幸せが増えていることを願います。

私たちは幸福神話に気づきました。幸せの本当の意味を考えました。幸せのサンドイッチを土台から積み上げ、幸せに近づくための効果的な理論と実践方法、つまり注意力を上手に管理し、幸せになる行動を生活に取り入れる方法について考えました。今のあなたなら、**「どうしたら幸せを感じられるのか」そして「幸せとは何か」に関する誤った信念を疑えます。**

幸せは私たち一人ひとりが、そして全員が、生活に組み込めるものだとわかっています。サンドイッチに迫る脅威を特定し、対策をとることができます。やっかいな脳があなたやあなたのウェルビーイングの足を引っ張っているときに気づけます。

そして何より、「人生の目的は幸せになること」という私の考えには納得できなかったとしても、**幸せはつくりあげる価値のあるものだ**ということは理解して、そのために必要な行動を生活の一部として実践できるのです。

ただ、残念ながら、絶えない微笑みが待つ場所、永遠の喜びが約束された地、「幸せの国」へのフリーパスが手に入ったわけではありません（何度も言いますが、そんなものは存在しないのですから）。価値あるものがすべてそうであるように、**幸せを手に入れるには努力が必要で、その努力は一生続きます。**

努力を重ねながら、自分のためになるもの、本当の幸せをもたらすもの、幸せを増やすために日常生活で実践できる効果的な行動を、学んでいくしかないのです。

幸せははかないものですから、その努力とは、実質、避けられない困難に直面しても、**小さな幸せに感謝し、その種をなんとか枯らさないように育てていくスキルを身につけること**だと言えます。その努力に価値があることは科学的な証拠を見ればわかりますし、その科学的知見を活かせば、幸せへと向かう人生を組み立てられます。

私自身は、新型コロナウイルスの流行期に多くの人が経験した苦しい時期を乗り越え、気分の良くなる活動や生きる意味を与えてくれる活動を再開しました。どれも大げさなものではありません。日常に溶け込んだ小さな行動ばかりです。

愛する人たちとつながる。友達と楽しい時間を共有する。植物の種が育つのを観察する。くつろぐ時間を取る。本を読む。外に出てスコットランドの景色を楽しむ。バドミントンで夫に勝つ。同じ目的を持つ同僚たちとつながる。そして、その**1つ1つの瞬間に、日々意味を見出す。**

でも、みなさんと同じように、幸せの具を生活に取り入れようとして、失敗するときもあります。今、原稿を書いている私の腕は、三角巾でつられています。ツイスターで遊んでいて（子どもとのつながりを深めようとしたんです）、救急外来に駆け込む羽目になってしまったのです。ツイスターで遊ぶことはニセの具ではなく、むしろ幸せの具なのですが、その具がサンドイッチからすべり落ちて、私の腕にがっつり命中したわけです。

誰でも失敗することはあります。入れる具を間違えたり、不意にサンドイッチが崩れてしまったり。でもその状況を切り抜け、教訓を活かしてサンドイッチをつくり直す術は身につけられます。幸せになるために必要なものはまさにそれです。**希望を捨てずに苦境を切り抜け、また一から積み上げることなのです。**

もちろん、この本が主に、個人レベルで取り組める幸せの扱い方、増やし方に焦点を当ててきたことはまぎれもない事実ですから、その点は忘れずに強調しておかなくてはいけません。

幸せになるには、積極的にまわりの人たちとつながり、交流し合うことが大切だとお伝えしてきましたが、そもそも幸せは個人の努力で完結するものではありません。状況抜きには語れないものです。ここで言う「状況」は、場合によって異なりますが、職場や家庭、コミュニティ、地域、国、政府などを意味します。

ウェルビーイングと幸せは、すべての人の問題だし、そうであるべきです。なぜなら、**幸せを実現するには、自分の人生をどうつくるかと同じくらい、幸せになれる状況をどうつくるかが重要だからです。**

まず、職場について考えてみましょう。いきいきと働くには、その職場の文化が「安心できる」「評価されている」と感じられるものでなくてはいけません。職場はそういう文化を育て、ウェルビーイングを重視して、そこで働いている人のどんな発言も建設的に受け止め合う場をつくる必要があります。そのためには、現場で働く人たちの集団的な取り組みと、組織を率いるトップたちのサポートが欠かせません。

個人が幸せを目指してがんばることに価値があるように、職場が組織的にウェルビーイングを目指すことにも価値があります。というのも、従業員の幸福度が高い職場は、革新的で、離職率も傷病率も低く、従業員の積極性や集団的努力が高い傾向があります。また、財政面から見ても、コストが低く、業績が高い傾向があるのです。

コミュニティはどうでしょう？　コミュニティにおけるウェルビーイングを実現するには、コミュニティと、そのメンバーが繁栄できる状況をつくる必要があります。

たとえば、自然に触れられる場所や共有スペースの用意、安心安全な住居の提供、運動や交流、新鮮な空気や自然に触れるなどのウェルビーイングにつながる活動拠点の整備が必要です。また、予防的にも事後対策的にも、孤立を減らし、健康とウェルビーイングを改善するための支援を地域全体で取り組むことも必要でしょう。

要するに、**誰もが安心安全に生活できるコミュニティにすることです**（「そうはいっても、その理想を実現するのは難しい」と思う方には、次の段落が1つの希望になります）。

政府に関しては、What Works Centre for Wellbeingの意見に同意します。つまり、あらゆる政策のねらいは暮らしの向上にあるべきで、ウェルビーイングへの影響を考えずに政策を評価することはできません。

ウェルビーイングをつくるのはメンタルヘルスに関する政策だけではありません。安全で手ごろな住宅の供給、弱者や苦しんでいる人々への支援、医療の利便性の向上、制度上の不平等の軽減、貧困と差別の解消、子どもたちの健やかな生活の保証。要するに、国民に希望を与え、必要に応じて援助し、苦しみを減らし、国民が幸せにいきいきと活動できる機会や状況をつくりだすことが、政府の目指す姿です。

政府の存在意義は、間違いなく、**人々が「よく生きる」のを支援すること。**そのためには、生活の一部ではなく、全部を支援しなくてはいけないのです。世界では、GDPと合わせて国民の幸福度を測定する国も出てきていますが、本当はさらに踏み込んで、各政策のウェルビーイングへの影響度を測定し、ウェルビーイングと幸せを成功の主な指標とするべきかもしれません。

というわけで、ウェルビーイングと幸せの責任は個人だけにあるのではなく、コミュニティや職場、組織、政府が共同で負うものです。そのような個人を超えたレベルで幸福度を上げたいと思う人もいるでしょう。それは大きな意味のあることですし、自分の幸福度を上げることにもつながるはずです。ただ、そのためにはまず、**自分のコントロールできることに集中して、日々の幸せをつくっていく必要があります。**

自分のコントロール圏に視点を戻し、自分の生活の中でできること、身近な人のためにできることをみつけ、幸せを目的とした人生を築いていくのです。

今日から、いえ今から、幸せのサンドイッチをつくり始めましょう。今日実行できる幸せの具、すなわち、気分が良くなる、生きる意味を感じられる活動はどれですか？　その基準に基づいて行動し、逆境と向き合い、他者に接し、決断を下し、対策を取ることで、しっかりと、**幸せとウェルビーイングを人生の中心に据えてください。**

幸せをあと回しにしてはいけません。幸せは日々の暮らしに価値を与えるもの、

最後まで読んでくれて
ありがとうございました!
楽しんでいただけたなら
幸いです。
エマより　chu!
久しぶりだね
ボクからも、
ありがとう!
ブレイン（脳）の
ブライアンより
幸せスイッチをオンにする
メンタルの取扱説明書
バイバイ

一生かけて積み上げていくものです。結局、**幸せに生きることが人生の目的なのです。**

それでは、親切な行為をすると幸せに近づくとわかったことですし、私は今からこの本を持ってグラスゴーに出かけるとしましょう——あの、錆びた街灯に再会し、感謝を伝えるために。

第2章　私たちを幸せにするものは何？

幸せとつながり：
ハーバード成人発達研究：https://www.adultdevelopmentstudy.org

親切行為のアイデア：
https://www.actionforhappiness.org
https://www.randomactsofkindness.org/kindness-ideas

自分の価値観を知るための手引き：
https://www.worldvaluesday.com/wp-content/uploads/2021/05/WVD-2021-Values-Guide-for-Individuals.pdf

ラス・ハリスの提案する、自分の価値観をみつける幅広い手法：
https://www.actmindfully.com.au

価値観をみつけるエクササイズ：
https://www.actmindfully.com.au/wp-content/uploads/2019/07/Values_Checklist_-_Russ_Harris.pdf

畏怖の科学：
https://ggsc.berkeley.edu/images/uploads/GGSC-JTF_White_Paper-Awe_FINAL.pdf

畏怖を感じるには：
https://ggia.berkeley.edu/#filters=awe

Frankl, Viktor, *Man's Search for Meaning,* Rider Books, 2021

『夜と霧 新版』ヴィクトール・E・フランクル著、池田香代子訳、みすず書房、2002年

Tribole, Evelyn & Resch, Elyse, *Intuitive Eating: A Revolutionary Anti-Diet Approach,* St Martin's Essentials, 2020

第3章　幸せ感度を高める

タラ・ブラックのRAIN式瞑想：
https://tarabrach.ac-page.com/rain-pdf-download

Kirschner, H., Kuyken, W., Wright, K., Roberts, H., Brejcha, C., & Karl, A., 'Soothing Your Heart and Feeling Connected: A New Experimental Paradigm to Study the Benefits of Self-Compassion', *Clinical Psychological Science,* 7(3), 545–565, 2019

クリスティン・ネフ博士のウェブサイトとセルフコンパッションを高める実践的エクササイズ：
https://self-compassion.org

クリスティン・ネフ博士のTEDトーク「The Space Between Self-Esteem and Self-Compassion」

Nickerson, Raymond, 'Confirmation Bias: A Ubiquitous Phenomenon in Many Guises', *Review of General Psychology,* 1998

参 考 文 献

この本で扱った話題についてもっと知りたい方のために、おすすめの情報をまとめました。

Hepburn, Emma, *A Toolkit for Modern Life*, Greenfinch, 2020

『心の容量が増えるメンタルの取扱説明書』エマ・ヘップバーン著、木村千里訳、ディスカヴァー・トゥエンティワン、2021年

はじめに　幸せの仕組みを知ればうまくいく

His Holiness The Dalai Lama and Cutler, Howard C., *The Art of Happiness: A Handbook for Living*, Hodder & Stoughton, 1999

『ダライ・ラマこころの育て方』ダライ・ラマ14世、ハワード・C・カトラー著、今井幹晴訳、求龍堂、2000年

What Works Centre for Wellbeing―ウェルビーイングの定義：
https://whatworkswellbeing.org/aboutwellbeing/what-is-wellbeing/

幸せ・ウェルビーイングの歴史：
https://www.pursuit-of-happiness.org/history-of-happiness/

ウェルビーイング曲線・連続体：
Huppert, F.A., 'Psychological Well-Being: Evidence Regarding Its Causes and Consequences', *Applied Psychology: Health and Well-Being*, 1: 137–164, 2009

第1章　幸せを理解する

Gilbert, Dan, *Stumbling on Happiness*, Harper Perennial, 2007

『明日の幸せを科学する』ダニエル・ギルバート著、熊谷淳子訳、早川書房、2013年

ローリー・サントスのポッドキャスト「ザ・ハピネス・ラボ」（ダニエル・ギルバートとの対談）：
https://www.happinesslab.fm/season-1-episodes/the-unhappy-millionaire

Baumeister, Roy F. et al, 'Bad is Stronger than Good', *Review of General Psychology*, 5, 323–370, 2001

Burnett, Dean, The Happy Brain: *The Science of Where Happiness Comes From, and Why*, Guardian Faber Publishing, 2019

Lyubomirsky, Sonja, 'Hedonic Adaptation to Negative and Positive Experiences', in Folkman, Susan (ed.), *The Oxford Handbook of Stress, Health, and Coping*, OUP, 2010

Lyubomirsky, Sonja, *The Myths of Happiness*, Penguin Group, 2014

『リュボミアスキー教授の人生を「幸せ」に変える10の科学的な方法』ソニア・リュボミアスキー著、金井真弓訳、日本実業出版社、2014年

REFERENCES

第6章　幸せを見失ったら

Benjamin, Jonny, *The Stranger on the Bridge: My Journey from Suicidal Despair to Hope*, Bluebird, 2019

Benjamin, Jonny, *The Book of Hope: 101 Voices on Overcoming Adversity* Hardcover, Bluebird, 2021

Caspi A., Houts R.M., Ambler A., et al., 'Longitudinal Assessment of Mental Health Disorders and Comorbidities Across 4 Decades Among Participants in the Dunedin Birth Cohort Study', JAMA Netw Open. 2020

Gordon, Bryony, *No Such Thing As Normal*, Headline, 2021

アダム・グラントが『ニューヨーク・タイムズ』紙へ寄稿した「めそめそメンタル」に関する記事：https://www.nytimes.com/2021/04/19/well/mind/covid-mental-health-languishing.html

Haig, Matt, *Reasons to Stay Alive*, Canongate,2015

『#生きていく理由 うつ抜けの道を、見つけよう』マット・ヘイグ著、那波かおり訳、早川書房、2018年

ルーシー・ホーン博士のTEDトーク「心のレジリエンスを高めるための3つの秘訣」 https://www.ted.com/talks/ lucy_hone_the_three_secrets_of_resilient_people

まとめ　幸せは増えたり減ったり

Hardoon, Deborah, 'Wellbeing Evidence at the Heart of Policy', What Works Wellbeing,

https://whatworkswellbeing.org/wp-content/uploads/2020/02/WEHP-full-report-Feb2020_.pdf

Rosing, Hans, Factfulness: *Ten Reasons We're Wrong About the World – and Why Things Are Better Than You Think*, Sceptre, 2018

『FACTFULNESS：10の思い込みを乗り越え、データを基に世界を正しく見る習慣』ハンス・ロスリング、オーラ・ロスリング、アンナ・ロスリング・ロンランド著、上杉周作、関美和訳、日経BP、2019年

Williams, Mark and Penman, Danny, Mindfulness: *A Practical Guide to Finding Peace in a Frantic World*, Piatkus Books, 2011

『自分でできるマインドフルネス：安らぎへと導かれる8週間のプログラム』マーク・ウィリアムズ、ダニー・ペンマン著、佐渡充洋、大野裕監訳、創元社、2016年

良い面に注目するために：
https://thehappynewspaper.com
https://www.upworthy.com
https://www.goodnewsnetwork.org/

第4章　幸せを守る

Dwyer, R., Kushlev, K., & Dunn, E., 'Smartphone Use Undermines Enjoyment of Face-to-Face Social Interactions', *Journal of Experimental Social Psychology*, 78, 233–239, 2018

ローリー・サントスのポッドキャスト「ザ・ハピネス・ラボ」（キャサリン・プライスとの対談）
https://www.happinesslab.fm/season-2-episodes/episode-6-dial-d-for-distracted

Hammond, Claudia, *The Art of Rest: How to Find Respite in the Modern Age*, Canongate, 2019

『休息の科学：息苦しい世界で健やかに生きるための10の講義』クラウディア・ハモンド著、山本真麻訳、TAC株式会社出版事業部、2021年

第5章　幸せを実践する

Clear, James, Atomic Habits: *An Easy & Proven Way to Build Good Habits & Break Bad Ones*, Cornerstone, 2018

『ジェームズ・クリアー式複利で伸びる1つの習慣』ジェームズ・クリアー著、牛原眞弓訳、パンローリング、2019年

行動科学者BJ・フォッグ考案「タイニー・ハビット」のウェブサイト：
https://www.tinyhabits.com/start-tiny

本はけっして1人でつくるものではありません。
この本を読者にお届けできたのは、次の方々のおかげです。

ていねいに制作してくれた仲間たち…
共同制作者のジュリア（最後まで一緒に走り続けてくれました）、
ケリー、ケイティ、ギニー、そして、チェック担当のジェニー。

私より宣伝上手な仲間たち…
エラとリプフォンをはじめとする、
グリーンフィッチとコーカスのみなさん。

時間と支援と笑い、そして無限のお茶を提供して、
安全基地となってくれたみんな…
スチュアート、フレイザー、イーヴィー。
あのときのツイスターは、忘れられない思い出になったね。

私を応援してくれるたくさんのチアリーダーたち：
スーザン、ロナ、再びジェニー、ニール、
その他たくさんの友達が、
何の連絡も入れない私に愛想をつかすことなく、
たわいもないメールやステキなカードや
優しいメッセージを送ってくれました。

最後に忘れてはならないのが、
私の本のいちばんのファン、ソフィーとルビー、
そしてインヴァルリーとフォルカークにいるＰＲチーム。

この本をつくるために助けてくれた以上のみなさん、
どうもありがとうございました。

幸せスイッチをオンにするメンタルの取扱説明書

発行日　2023年11月25日　第1刷
2024年4月15日　第3刷

Author　エマ・ヘップバーン
Translator　木村千里（翻訳協力：株式会社トランネット www.trannet.co.jp）
Illustrator　エマ・ヘップバーン
Book Designer　吉田考宏
Publication　株式会社ディスカヴァー・トゥエンティワン
〒102-0093　東京都千代田区平河町2-16-1 平河町森タワー11F
TEL　03-3237-8321（代表）　03-3237-8345（営業）
FAX　03-3237-8323
https://d21.co.jp/
Publisher　谷口奈緒美
Editor　大竹朝子　橋本莉奈　野村美空
Distribution Company
飯田智樹　塩川和真　蛯原昇　古矢薫　山中麻吏　佐藤昌幸　青木翔平　小田木もも
工藤奈津子　松ノ下直輝　八木眸　鈴木雄大　藤井多穂子　伊藤香　鈴木洋子
Online Store & Rights Company
川島理　庄司知世　杉田彰子　阿知波淳平　王廳　大﨑双葉　近江花渚　仙田彩歌　滝口景太郎
田山礼真　宮田有利子　三輪真也　古川菜津子　中島美保　石橋佐知子　金野美穂　西村亜希子
Publishing Company
大山聡子　小田孝文　大竹朝子　藤田浩芳　三谷祐一　小関勝則　千葉正幸　磯部隆
伊東佑真　榎本明日香　大田原恵美　小石亜季　志摩麻衣　副島杏南　舘瑞恵
野村美空　橋本莉奈　原典宏　星野悠果　牧野類　村尾純司　元木優子　安永姫菜
高原未来子　浅野目七重　伊藤由美　蛯原華恵　林佳菜
Digital Innovation Company
大星多聞　森谷真一　中島俊平　馮東平　青木涼馬　宇賀神実　小野航平　佐藤サラ圭
佐藤淳基　津野主揮　中西花　西川なつか　野﨑竜海　野中保奈美　林秀樹　林秀規
廣内悠理　山田諭志　斎藤悠人　中澤泰宏　福田章平　井澤徳子　小山怜那　葛目美枝子
神日登美　千葉潤子　波塚みなみ　藤井かおり　町田加奈子
Headquarters
田中亜紀　井筒浩　井上竜之介　奥田千晶　久保裕子　福永友紀　池田望　齋藤朋子
俵敬子　宮下祥子　丸山香織
Proofreader　文字工房燦光
DTP　株式会社RUHIA
Printing　シナノ印刷株式会社

・本書へのご意見ご感想は下記からご送信いただけます。
https://d21.co.jp/inquiry/

ISBN978-4-7993-2996-2
SHIAWASE SWITCH WO ONNI SURU MENTAL NO TORIATSUKAI SETSUMEISHO by Emma Hepburn